新时代高校
宣传思想文化工作的守正创新

铁铮　董竹娟　周晔　主编

光明日报出版社

图书在版编目（CIP）数据

新时代高校宣传思想文化工作的守正创新 / 铁铮，董竹娟，周晔主编. -- 北京：光明日报出版社，2025.
3. -- ISBN 978-7-5194-8611-2

Ⅰ.G641

中国国家版本馆CIP数据核字第2025CU5929号

新时代高校宣传思想文化工作的守正创新
XINSHIDAI GAOXIAO XUANCHUAN SIXIANG WENHUA GONGZUO DE SHOUZHENG CHUANGXIN

主　　编：铁　铮　董竹娟　周　晔	
责任编辑：李壬杰	责任校对：李　倩　李海慧
封面设计：中联华文	责任印制：曹　净

出版发行：光明日报出版社
地　　址：北京市西城区永安路106号，100050
电　　话：010-63169890（咨询），010-63131930（邮购）
传　　真：010-63131930
网　　址：http://book.gmw.cn
E - mail：gmrbcbs@gmw.cn
法律顾问：北京市兰台律师事务所龚柳方律师

印　　刷：三河市华东印刷有限公司
装　　订：三河市华东印刷有限公司

本书如有破损、缺页、装订错误，请与本社联系调换，电话：010-63131930

开　　本：170mm×240mm	
字　　数：196千字	印　　张：15.5
版　　次：2025年3月第1版	印　　次：2025年3月第1次印刷
书　　号：ISBN 978-7-5194-8611-2	
定　　价：78.00元	

版权所有　　翻印必究

编委会

主　　任：铁　铮
副 主 任：于成文　张树辉　张小锋　蓝晓霞
主　　编：铁　铮　董竹娟　周　晔
副 主 编：田　阳　张养志　魏楚元　董会泽
编　　委：梁千里　张安梅　高　蕾　邓相军
　　　　　卢　刚　李泽中　杨　娜　金鸣娟
　　　　　王　乐　王宏腾

目录
CONTENTS

上 篇

第一章　5G 赋能新时代 …………………………………………… 3
　第一节　5G 的前世今生 ………………………………………… 3
　第二节　5G 是数字技术集大成者 ……………………………… 5
　第三节　5G 技术对社会的影响与改变 ………………………… 8

第二章　守正创新的形势挑战 …………………………………… 11
　第一节　5G 时代的经济挑战 …………………………………… 11
　第二节　5G 时代的文化挑战 …………………………………… 14
　第三节　5G 时代革新社会体系 ………………………………… 19
　第四节　5G 时代的政治挑战 …………………………………… 22

第三章　守正创新的理论逻辑 …………………………………… 27
　第一节　马克思恩格斯、列宁的有关论述 …………………… 27

1

第二节　守正创新理论的中国化发展 ………………………………… 35
　　第三节　高校宣传思想工作的理论逻辑 ………………………………… 40

第四章　守正创新的根本原则 ………………………………………………… 47
　　第一节　政治性原则 ……………………………………………………… 48
　　第二节　创新性原则 ……………………………………………………… 55
　　第三节　引导性原则 ……………………………………………………… 63

第五章　守正创新的实现路径 ………………………………………………… 70
　　第一节　构建适应5G生态的宣传思想阵地 …………………………… 70
　　第二节　打造高水平的校内外联动格局 ………………………………… 75
　　第三节　防范潜在性的5G技术反噬 …………………………………… 79

下　篇

第六章　意识形态工作激浊扬清 ……………………………………………… 87
　　第一节　5G时代：深度重塑网络意识形态 …………………………… 88
　　第二节　5G思维：深刻辨析高校意识形态工作 ……………………… 95

第七章　思想政治工作完善体系 ……………………………………………… 106
　　第一节　5G时代激发思想政治工作主体育人自觉 …………………… 106
　　第二节　重塑5G时代的思想政治工作生态 …………………………… 115
　　第三节　5G时代增强思想政治工作效果 ……………………………… 122

第八章　大思政课入脑入心 …………………………………………………… 129
　　第一节　5G时代驱动构建"大思政课" ……………………………… 130

第二节 5G 时代赋能"大思政课"建设 ·············· 135
第三节 5G 时代"大思政课"的育人路径 ············ 141

第九章 新闻传播与时俱进 ························ 147
第一节 5G 时代驱动新闻传播变革 ················ 147
第二节 5G 时代赋能高校新闻传播 ················ 154
第三节 5G 时代新闻传播的场景化构建 ············· 166
第四节 高校新闻传播适应 5G 时代要求 ············ 174

第十章 网络舆情科学管理 ························ 180
第一节 5G 时代高校网络舆情的特征 ··············· 180
第二节 5G 时代高校网络舆情管理面临的挑战 ········ 187
第三节 5G 时代网络舆情的应对策略 ··············· 194

第十一章 高校文化培根铸魂 ······················ 200
第一节 把握 5G 时代高校文化建设新趋势 ··········· 200
第二节 融合发展，推动 5G 时代高校文化守正创新 ···· 210

第十二章 人才队伍砥柱中流 ······················ 218
第一节 高校宣传思想队伍使命更艰巨 ·············· 219
第二节 高校宣传思想工作队伍素质更过硬 ··········· 221
第三节 高校宣传思想队伍建设举措更有力 ··········· 226

参考文献 ······································· 231

编 后 ··· 238

上　篇

第一章

5G 赋能新时代

2019年是全球5G商用元年。大众对科技新技术给予越来越多的关注，5G也在这个过程中慢慢成长为一颗耀眼的新星。

5G究竟是什么？移动通信技术走到5G时代，中国通信业在世界舞台上占据着什么样的地位？5G又会给人们的生活、思维以及宣传思想工作带来什么样的变化？

第一节 5G的前世今生

踏着数字经济从萌芽、成长到绽放的时代节拍，移动通信技术按照约10年一代的速度不断更迭前进。每一代的出现不但在技术上呈现出跨越式的应用颠覆，而且在产业上形成巨大的推动力，进而全面加速社会的发展。

虽然人类一直在追求交流之美，但移动通信技术从未如今天这般对我们的社会和生活产生如此巨大而深远的影响，以至于世界各国争相以国家战略的高度来推进最新通信技术的研发和应用。

普通用户一般通过信息终端和运营商营业厅对通信行业产生初步的认知，但这只是冰山一角。通信产业内部具备丰富的生态，有着从核心网至用户终端、自理论突破至标准共识、自产品实现至服务提供的完整产业环境，并在不断扩张和重组；移动通信技术有其固有的发展规律，并在香农定律、摩尔定律等框架下不断推陈出新。

通信产业链，从专利标准、芯片器件、设备网络到业务应用，是一个与时俱进、快速演变的体系，由其衍生出来的业界形态构成的小社会，也像人类社会一样不断前进。从最初群雄纷争的第一代模拟移动通信到现今如火如荼的第五代智能数字移动通信，短短几十年间，移动通信产业逐渐从无序到有序，从弱小到强大，性能指数级跃升，应用海量爆发。移动通信产业展现出的巨大能量，令人叹为观止。

移动通信产业链的各个环节，在不同时代会出现合并、分裂等演化进程。2G语音时代的"短信段子手"实质是内容提供商，而在内容提供商与电信运营商之间还存在着服务提供商，各方共同构成了业务内容链条分支。这些分支在3G/4G的移动互联网时代被数据业务合并为业务内容平台，极大扩张了移动通信的产业版图。移动通信产业链的变化，对传统媒体产业形成了巨大颠覆，催生了短视频等移动网络媒体的大规模发展。这种对原有产业形成挑战甚至冲击的态势，在5G时代将随着多样化应用场景的实施而更加明显。

移动互联网是基于3G/4G移动通信技术发展起来的新兴产业，同时又反作用于移动通信产业，影响着当前正在发展中的5G移动通信产业形态。这种相互促进的作用力不断推动着5G移动通信产业进行产业升级，但其发展趋势却凸显了与移动互联网类似的垄断趋势——在产业版图扩张的同时，各环节越来越聚焦于若干巨头公司。巨头公司对中小企业呈吞并之势，并出现了巨头间较大体量的竞争。

在专利与标准的群雄逐鹿间，在技术与产品的飞速更迭下，面对产业融合与分化的各种机遇与未知，我们迎来了5G时代。5G新业务的爆发正在造就新时代的独角兽，并承担着重构产业链的历史使命，成为数字时代蝴蝶效应的技术奇点。

第二节 5G是数字技术集大成者

5G在认识论与价值论层面的最大价值，或许在于能将云计算、人工智能、大数据、物联网、区块链、量子科技等其他技术深度融合，并促使这些技术互相补充，为算力网络、工业互联网、元宇宙等新型数字产业生态提供基础设施，补位商业应用盲点。而这种融合本身以及与产业界的结合，必将是一个缓慢且长远的上升过程。

从技术角度讲，5G将极大推动各种新技术的快速应用。真正的数字化转变需要在21世纪的环境下重新思考业务模型，而不是简单地在现有模型中增加技术。在数字经济中，数字化是基础，网络化是支撑，智能化是目标。数字经济以数据为生产要素，通过网络化实现数据的价值流动，通过智能化为各行业创造经济和社会价值。数字经济的本质在于信息化，其核心要素是数据。

在数字经济背景下，5G会带来意想不到的社会效应。科学技术是第一生产力，生产力决定生产关系。5G作为强大的生产工具，能够促进云计算、人工智能等其他相关科技与产业的快速发展，进而大大提高社会生产力，优化生产关系，并促进数据这个数字时代生产资料的极大丰富。

数据以及5G、云计算、人工智能等科学技术共同构成了数字经济时代的生产资料，数字经济时代的生产资料所有制，即对数据及相关先进科学技术的所有、占有、支配和使用等经济关系，将对现有的生产关系起决定性作用。

生产资料所有制不但会改变生产关系，更会影响社会结构，进而改变社会。生产关系是人们在物质资料的生产过程中形成的社会关系。在互联网时代，这种关系已经发生了潜移默化的变化，以传统制造业为代表的工业社会的社会化大生产模式，已经被以现代服务业为代表的数字社会信息主导的生产模式所取代。人们的社会关系，也从纯粹的真实世界延拓到更多的虚拟世界。

在《德意志意识形态》中，马克思和恩格斯认为，"任何新的生产力，只要它不仅仅是现有生产力的量的扩大（例如，开垦新的土地），都会引起分工的进一步的发展"①。在新的生产力作用下，新的社会分工将会不断出现，经济结构也会不断重构与演进。像互联网、移动互联网行业的大发展一样，更多的新产业将出现，人们也会从更多维度来认识社会。

在数字经济下，产业生态会被重构，产业链条也会发生变化。但在ICT产业中，专利、标准必将占据上游，对它们的争夺依然会非常激烈。对中国来说，5G也是可以修改ICT产业规则的千载难逢的机遇。我们不但有全世界最大的ICT市场，而且华为、中兴等中国企业在5G专利上已经占据了足够的优势。

---

① 中共中央马克思恩格斯列宁斯大林著作编译局. 马克思恩格斯选集：第1卷[M]. 北京：人民出版社，1972：25.

整个经济的对象可以分为物理世界和数字世界,而物理世界又可以简单分为人(包括环境)和机器。第一次产业革命和第二次产业革命,利用蒸汽机和电力解放了人的体力,在很多工作中让机器替代了人,大大提高了生产力。但一旦进入机器世界,科学技术的发展重点也发生了重大调整,新兴的现代国家伴随着隆隆的机器声,重新书写着人类社会的秩序。

这两次工业革命旨在完成生产过程的机械化和自动化,使得机器设备、系统、生产和管理过程在没有人或较少人直接参与的情况下,经过自动监测、信息处理、分析判断、操纵控制,实现预期的目标,在极大解放人的体力的同时,将一些流程以逻辑化的形式加入机器中。在没有交互性的情况下,这种简单逻辑式的自动化还不能称为智能化。智能化应当是具有自感知、自学习、自决策、自执行、自适应的功能,贯穿全产业链、全生命周期的系统化智能。

第三次产业革命是由计算机发起的。它代替的是人类的脑力劳动,同时开始了人和机器向数字世界的迁移过程,吹响了进军数字经济的号角。在数字经济的发展过程中,必须有自动化、网络化的基础,同时配以智能化,才有可能实现真正的数字化。数字经济的主战场在数字世界!

今天的信息通信技术在数字经济中扮演的角色是桥梁——从物理世界向数字世界迁移的桥梁。近期提出的各种数字孪生技术,就是希望构建物理世界与数字世界的对应关系。

之前提到的"产业数字化",完成的是消费产业、工业产业等各行各业从物理世界向数字世界的转变。在这一过程中,计算机发挥着关键作用,不但会将之前人类和机器的积累进行数字化改造,而且会催生很多原生数字产品。如音乐,之前的各种音乐通过CD、MP3等形式完成了数字化,但同时MIDI也催生了很多纯数字世界的音乐。随后,通信技术是将原生于物理世界的模拟信号实时转化成数字信号，使其进入数字世界。

这样，很多的数字科技马上可以在数字世界中归位了：大数据是原材料，区块链是工具，云计算是一种可能的架构，人工智能则是数字世界的大脑。而物联网、工业互联网都是跨界的，5G 则是迎接数字经济全面爆发的引擎！

首先，通过 5G 能够以更高的效率完成物理世界向数字世界的转化。其间，物联网、工业互联网的数字化均会得益于 5G 的大带宽、低时延、海量接入、高可靠的特性。

其次，5G 与区块链、云计算等技术的结合，将完成相互赋能，使得这个数字化过程更加可靠、可信、可用。

最后，5G 与人工智能技术的结合，不但可以提高 5G 系统本身的效率，而且人工智能这个数字世界的大脑，可以借助 5G 更加全面、快速、深入地渗透到物理世界的各个角落。

5G 对各类数字技术的链接将加速数字经济时代的到来，带着一众数字技术将社会驶入高速发展的快车道，带来经济和社会的大变革。人类社会之后的科技主战场将是数字世界，原生于数字世界的新科技将越来越多，对人类社会的影响也将越来越大。

第三节　5G 技术对社会的影响与改变

通信技术及其衍生的业务，有的从出现之初就注定了其悲剧式的结局，在完成开疆拓土的任务后就悲壮谢幕，如小灵通之于网通电信；有的还不知在哪里，却会带给人们一个大大的惊喜，如4G时代催生的移动支付和短视频业务。

5G技术标准的制定具有划时代的意义。它与软件定义网络、网络资源虚拟化、区块链等数字技术相互赋能，并引入了人工智能、边缘计算等新技术，真正实现了通信技术与信息技术的深度融合。在此之前，信息技术只是局部渗入通信系统，而5G首次在数字经济学意义上对移动通信系统本身进行了深入改造。

此外，5G创新性地提出了增强移动宽带、海量机器类通信、超高可靠低时延通信三大业务应用场景。将之前信息基础设施中的"信息高速公路"升级为"海陆空"式的立体交通网，拓宽了物理世界与数字世界的通道，成为数字经济的催化剂。这三大场景既有对4G技术基础的延续传承，也有对热门技术的创新应用，更有对后续技术的大胆尝试。对云计算、大数据、物联网、人工智能、区块链等技术的深度融合和创新，为产业赋能提供了更加广阔的空间。

通信与信息技术的深度融合，令5G得以深入影响当前技术的应用规律，更丰富的业务场景令5G全面催化各产业变革。人们有理由相信，5G时代的到来将彻底改变我们的社会，改变每个人的生活方式。

今天的工业、农业等产业，在经过网络信息化、人工智能、大数据等技术的洗礼后已焕然一新，但在很多方面仍不尽如人意。5G恰似一缕春风，将加速智能化新技术在各产业中的渗透，为数字经济的发展带来新机遇。虽然我们难以准确预言第一个因5G爆发的产业，但可以预见5G带来的不可阻挡的多产业蓬勃发展的趋势。

科学技术是第一生产力，社会主义的根本任务是解放和发展生产力。马克思主义政治经济学把生产力的发展归结为三方面："发挥着作用的劳动的社会性质""社会内部的分工""脑力劳动特别是自然科学的发展"。而在如今的数字经济中，5G将成为实现资源高效分配的有力工具，在生产力发展的三方面均将发挥积极作用，并将成为经济增长的新引擎。

应该看到，增长不等于发展，5G的到来不仅可以带来直接或者间接的经济增长，更重要的是可以提高各产业的运行质量和总体效益，优化产业结构，在为供给侧提供发展动力的同时，为需求侧提供更多的市场选择。5G在提高生产力、加速产业进步的同时，将促进数字经济生态中新型生产关系的变革。

技术进步是经济发展的基本条件，也是思维升级的必然结果。作为数字经济的重要基础设施，5G为未来网络的发展提供了有力支撑。它与云计算、人工智能、大数据、区块链等技术的相互赋能，加速物联网、工业互联网、元宇宙等新型数字服务生态的发展，成为经济发展的新动力。同时，以5G为代表的数字技术在构建数字经济新格局的同时，也将深深影响社会发展。在3G/4G时代，移动互联网不但引爆了消费领域的经济，而且让互联网思维深入人心，在提高社会生产力的同时，调整了生产关系，对社会产生了深远影响。5G时代将加速深化这一过程，进一步改变社会。

第二章

守正创新的形势挑战

新时代新征程,世界百年未有之大变局加速演进,中华民族伟大复兴进入关键时期,战略机遇与风险挑战并存。新技术革新成为推进当代经济社会发展的全新动力。以 5G 技术为代表的第五代移动通信技术将带来经济、文化、社会等多个领域的变革,从而对政治领域产生潜移默化的影响,对宣传思想的主客体——"人"——产生重要影响。宣传思想工作的守正创新面临新形势新任务。

第一节 5G 时代的经济挑战

习近平总书记在《不断做强做优做大我国数字经济》中指出,"近年来,互联网、大数据、云计算、人工智能、区块链等技术加速创新,日益融入经济社会发展各领域全过程,各国竞相制定数字经济发展战略、出台鼓励政策,数字经济发展速度之快、辐射范围之广、影响程度之深前所未有,正在成为重组全球要素资源、重塑全球经济结构、改变全球竞争格局的关键力量"①。

一、5G 时代的基础设施建设

大资本利用"新基建"的契机，渗透国家基础设施建设领域并对行业管理提出挑战。"新基建"就是新型基础设施建设的简称，指发力于科技端的基础设施建设，主要包括 5G 基建、特高压、城际高速铁路和城际轨道交通、新能源汽车充电桩、大数据中心、人工智能、工业互联网这七大领域。这些新型基础设施是实现"十四五"规划和 2035 年远景目标的重要物质基础，也是国家科技竞争力的物质基础。

就传统而言，涉及国家基础设施建设与国家命脉的领域普遍都由国家主导建设，然而对新兴互联网行业，尤其是主要网络平台而言，则多是以资本为主导。大型新技术公司带来的新技术环境，让政府的所有公共行为和企业运营商紧密纠缠在一起。而伴随这种合作的，则必然是新技术公司与监管体系之间的博弈。

与以往的三次产业革命不同，第四次产业革命是在互联网基础上的跃升，其主要形式是数字革命，即将数字技术广泛运用于农业、工业、服务业等行业，实现国民经济的数字化、智能化转型。这一转型过程要以相应的基础设施作为支撑，需要建设安全高效的信息基础设施、大数据中心集群以及现代化的通信、导航等基础设施，同时对传统基础设施进行数字化改造。在国家难以对数据和算法实施有力控制和有效监管的条件下，牢牢掌握数字化新型基础设施的所有权，是国家应对新技术革命冲击、捍卫国家自主性的

---

① 习近平. 不断做优做强做大我国数字经济[J]. 求是，2022 (2).

"关键一招",也是国家从根本上掌握宣传思想工作命脉和意识形态主导权的物质前提。

二、5G 时代的经济发展环境

大资本与新技术带来的"算法剥削"和"数字剥削"有成为新型不平等根源的趋势。与此同时,"大数据杀熟"的现象也屡见不鲜。随着新技术的持续进步,除非采取包括加强社会保障在内的适当应对措施,人类很可能面临更高水平的、新型的不平等。当今时代,人工智能和机器人技术会"抢走"人类的工作岗位;"零工经济"的兴起在提供就业机会的同时,也创造了一个不稳定且依赖承包商和按需打工的阶层;市场和利润集中化有可能扩大工薪阶层与资本拥有者之间的不平等,发达国家广泛采用前沿技术将导致工业化程度较低的国家劳动力成本优势减弱。

可以预见的是,随着新技术革命与大资本宰制的深度结合,新型不平等将带来更多的怨愤、相对剥夺感以及由此而生的抗争和冲突。如何应对这些政治与社会稳定的潜在威胁,也是摆在宣传思想工作面前的一道难题。回答这道难题既紧急,又足够重要。

三、5G 时代的市场行为

新技术应用所形成的资源分配方式和商业运行模式,极大冲击了过去工业时代的政府监管模式及其所附带的政策体系。近年来,随着"技术巨头"(Big Tech)逐渐发展成为重要的市场主体,在技术创新驱动下,新经济形态呈现许多新的特点,平台经济具有去实体化和微观化的特点,使政府的辨识、监管能力受到削弱,新型资源配置方式超前于现有的政府管制体系,让政府的传统监管方式犹如"挖掘机抓苍蝇"般无所适从。另一方面,得益于各国政府对创新的保护，许多新技术公司在税收、知识产权保护、定义用户关系、监管基础设施等方面，拥有比传统行业公司更加强势的话语地位和影响能力。而当政府意识到监管滞后时，新技术公司已经凭借这些优势建立起"大而不倒"的整体优势，压缩了监管者的回旋空间，甚至引发严重的国家安全问题。

5G背景下的"新技术公司+大资本"模式，将切实改变过去的要素资源、经济结构，并通过经济生活改变人的价值观念和行为习惯。上述监管困境不仅存在于商品和服务的市场，也存在于"思想市场"。在"人人都有麦克风"的新媒体环境下，政府应当如何重新梳理经济资源要素，应对"资本+科技"带来的微端权力转移，从最末梢巩固宣传思想的成果，避免宣传思想工作陷入"自说自话"的窠臼，是5G时代面临的重要挑战。

第二节 5G时代的文化挑战

习近平总书记在《提高国家文化软实力》中强调，"提高国家文化软实力，关系'两个一百年'奋斗目标和中华民族伟大复兴中国梦的实现""提高国家文化软实力，要努力夯实国家文化软实力的根基""提高国家文化软实力，要努力传播当代中国价值观念""提高国家文化软实力，要努力展示中华文化独特魅力""提高国家文化软实力，要努力提高国际话语权"[①]。

---

① 习近平.论党的宣传思想工作[M].北京：中央文献出版社，2020：48-50.

<<< 第二章　守正创新的形势挑战

一、5G 时代的价值观之争

5G 新技术将促进非主流价值观从"传播"向"凝聚"转变。一方面，随着社会变革深入推进，人们思想观念和价值取向的多样性、独立性、选择性、差异性不断增强，用社会主义核心价值观引领和整合多元价值观念的难度在加大。例如，市场经济的逐利性导致功利主义、拜金主义、极端个人主义（精致利己主义）蔓延，冲击和影响着集体主义精神、团结互助精神和奉献精神；封建官本位、宗法思想等影响民主、公正、法治；西方消费主义、后现代主义、解构主义等思潮的影响，增强了社会思想价值观念的复杂性，为培育和弘扬社会主义核心价值观带来不利影响。

可以肯定的是，互联网空间长期存在着一些持非主流价值观的网民。他们利用社交网络平台"发声"，试图传播个人观点、宣泄个人情绪。在现实环境中，因时空条件的阻隔，这些持有错误价值观念的群体往往因找不到"同道中人"而不得不安分守己；而 5G 技术的持续发展，为这一群体在虚拟空间中互动发声提供了更大的便利。

互联网不仅是意识形态工作的最前沿和主阵地，而且已成为意识形态斗争的主战场。许多新情况新矛盾新问题往往因网而生、因网而增，一些错误价值观以网络新媒体为平台生成、发酵和传播。做好意识形态工作，要敢于斗争、善于斗争，打好 5G 时代的价值观争夺战。

二、5G 时代的主流文化之争

5G 时代为主流叙事下的非主流文化群体提供了跨时空"抱团取暖"的空间和"呐喊"的阵地，将导致在一定空间范围内主流文化与非主流文化"攻守之势异也"。根据具体表现，与主流文化无关的集群可分为两种类型：

15

从某些事物中出现的隐藏集群和为了共同利益而聚集在一起的明显集群。有两种隐藏集群积累的情况：一种是集群中的某些个体产生了一段时间后在集群内传播，导致内源积累，并在积累中不断闪耀成新的气候。二是关注社会事件发生时的每一方，同时不断发表意见，以此有意识或无意识地形成态度并影响发展过程。隐藏群体是分散的、隐藏的，在事件发生时出现，呈现其亚文化视角，形成亚文化力量。

新移动互联技术，尤其是 5G 技术，不仅促进非主流文化的传播，还给予其存在的"自留地"，使非主流文化和主流文化在同一场景中公平竞争。一些网络平台给大学生等高知群体参与政治议题提供了充分的空间，并形成了一些非主流圈层和一系列政治隐语。这些话语体系在部分群体中代表着固定的含义并随之衍生出新的名词。这些所谓"理论"缺乏科学基础，衍生的政治隐语通过社会网络平台在青年学生中广为传播，甚至成为日常沟通交流的习惯用语，一定程度上消解了主流意识形态的话语构建。在缺少或者无法干预的前提下，非主流文化借助互联网，得到了极大的解放和宣传，主流文化受到了极大的冲击。

三、5G 时代的新场景挑战

新场景有望在互联网空间"去中心性""匿名性""跨时空性"等原有特点基础上，创建所有人类社会关系的枢纽，连接着新的形式、新的规模、新的内容和新的方式。媒介的意义不是工具本身，而是与之相关的所有关系和意义的总和。无论何种媒体技术，都是人类社会关系的正式建构和关联。任何媒体技术的更新和现代化都主要基于人类社会关系的恢复和资源的重新分配。

当前，基于 5G 新技术而引发社会热议的新场景概念当属"元宇宙"，在这一新场景中，社会关系的总和既有可能是现实空间的延续，也有可能是基于现实空间的重塑——现实空间的领导地位能否在新场景中延续，现实空间占主流的话语能否在新场景中继续主导，现实空间的暴力机关能否在新场景中继续履职，这些都将暂时画上一个问号。基于移动设备、社交媒体、大数据、传感器和定位系统的应用技术以及由此产生的场景感觉，网络场景既涵盖了"硬因素"，也涵盖了基于空间和基于行为和心理的"软因素"。这种具体而经验性的复合场景符合移动时代媒体传播的本质，进一步强调了"人"与媒体、社会的关系。在一个支离破碎的移动互联网时代，用户需要更多以人为中心、基于场景、更及时、更准确的连接体验。总的来说，元宇宙将开始满足不同场景下用户的个性化需求。而在这一新场景下，是否需要开展宣传思想工作的答案显然不言而喻，但能否开展宣传思想工作，党的宣传思想工作能否居于绝对的领导地位，将是必须面对的实际问题。

四、5G 时代的文化阵地挑战

"技术丰富了我们的生活，同时也带来了风险——特别是那些未知的风险。这是一个令人不安的利弊共存的问题。"① 5G 新技术所带来的新空间、新场景、新渠道，无一不对传统意义上的文化阵地形成新的挑战。

一是新空间的建立引发了受众的迁移，错误思潮有了思想交锋的"大后方"和"小据点"。以阵地战的思维开展宣传思想工作，"等人来学""叫人来学""逼人来学"，将无力与沉浸式、体验式的价值传播相抗衡。"快捷、即时、交互、隐蔽的 5G 传播技术将加剧西方意识形态和各种非主流社会思

---

① 刘易斯. 技术与风险 [M]. 杨建, 缪建兴, 译. 北京: 中国对外翻译出版公司, 1994: 4.

潮不断攻城略地"①，依靠基本的技术能力搭建小范围传播非主流信息甚至有害信息的平台，或建立获取相关信息的渠道将更为容易。

二是集体记忆的解构成为可能，"共意"建构难度增大，小圈层壁垒逐步加高。一方面，5G技术的发展和应用将进一步促进信息的"智能推送"和"算法推荐"。"千人千面"的信息传播模式将窄化受众信息选择，引发"信息茧房"，削弱共意整合。另一方面，5G技术将极大提升信息生成速度和传播速率，引发"信息大爆炸"，使得信息过载成为常态。在信息过载背景之下，主流思想不仅更难从"人人都是麦克风"的自媒体丛林中突围，甚至可以在民间舆论场中被解构、重构、再演绎或批判，从而消解主流意识传播的效率，加大社会主义意识形态的引领和整合难度。

三是优质"文化弹药"紧缺，难以叩击受众心弦，泛娱乐的大众文化和非主流的小众文化引发文化领域乱象。5G技术的应用将极大提升信息传播速度，在"技术+资本"的权力把持和操纵之下，大量低俗、媚俗、恶俗、虚假、泛娱乐等信息"霸屏"各类网络媒介，导致网络乱象频出。而宣传思想工作主体在短期内如果无法供给充足的优质内容，以填补网民文化生活需求缺口，则会产生"劣币驱逐良币"的后果。因此，5G技术可能引发宣传思想文化领域供给侧的结构性失衡，导致即使占据了文化阵地也会陷入优质"文化弹药"不足的困境。

5G新技术为亚文化和非主流价值的快速扩张提供了渠道、空间、平台和媒介，让非主流声音利用互联网效应放大声音，过去宣传思想的"阵地战"理念应当向"总体战"理念转变。如何在5G时代把握新技术规律，构

---

① 黄清波.5G技术应用背景下宣传思想工作创新逻辑[J].思想理论教育导刊，2020(8)：149-153.

建有利于主流文化传播的综合体系，切实加强主流文化传播力量、抵御非主流文化甚至有害文化的解构，是宣传思想工作面临的现实挑战。

第三节 5G时代革新社会体系

习近平总书记在网络安全和信息化工作座谈会上指出，"推动我国网信事业发展，让互联网更好造福人民""必须贯彻以人民为中心的发展思想""要本着对社会负责、对人民负责的态度，依法加强网络空间治理，加强网络内容建设，做强网上正面宣传，培育积极健康、向上向善的网络文化""建设网络良好生态，发挥网络引导舆论、反映民意的作用""为广大网民特别是青少年营造一个风清气正的网络空间"①。

一、5G时代的新社会关系：技术力与"价值缘"

新技术革命重新定义了商业、市场和公民文化、互联网、人工智能和大数据等新技术的应用。近年来，在国家政府领域出现了大量打破机构能力界限的现象和事件，其背后是互联网和新技术在各个领域的广泛使用所产生的影响。

社会学认为社会时空是社会系统的基本结构，技术总是通过改变社会时空来重组社会，但网络社会的崛起将导致以信息化、全球化和网络化为特征的"时空转型"。技术带来了更高的速度、更少的等待时间和更"即时"的

---

① 习近平. 在网络安全和信息化工作座谈会上的讲话 [N]. 人民日报，2016-04-26 (2).

时间感。它具有重建高速网络基础设施和虚拟技术的强大能力，以及更真实和自由扩展的空间感。同时，5G网络的全覆盖不仅缩短了人与人之间的距离，还将个人生活和工作的时空场景交织在一起。当人们处于在线模式时，他们需要立即与他人沟通，从而产生更大的紧迫感和紧张感。人与人之间的真实交流被虚拟交流所取代，现实生活中的情感联系在虚拟世界中被削弱甚至消失，人们对周围的人和事漠不关心，社会情感的疏离导致了人与人之间的信任危机。

二、5G时代的社会再组织

5G新技术实现了为每个个体赋权的结果，导致每个个体都可以在互联网上完成自我实现，参与更多的社会活动和社会决策，在一定程度上改变社会结构和社会场景，绘制新的社会关系地图。在社会活动研究中，赋权的对象通常是在社会中处于相对弱势地位的个人或组织，但网络技术赋权的对象都是网络用户。在互联网上，无论真实身份是什么，都可以便利地收集信息、创造语言和直接行动。因此，社会中的弱势者可以从被动的一方转变为主动的一方。而互联网空间为各类社会思想的传播和整合提供了一个容器和加速器，成为任何新兴社会行动组织都很难忽视的辅助工具。在某种程度上，网络代表了一种无形的、无组织的或组织效率低于传统组织的政治空间。在建立网络空间后，社会行动组织可以突破各种物理障碍，甚至发展成为具有吸引力的全球性组织。自互联网诞生以来，具有科技能力的社会活动家实际上拥有动员数百万人组织起来的工具，能够更好实现最高层次的"能源运行"和社会动员的"分散"双重效应，有效打开"边界"。

三、5G 时代的新兴社会运动

科学技术的变革和技术因素是现代社会运动形成和政治发展的重要变量。新技术的应用为社会运动和政治变革提供了强大的动力：它深刻改变了所有政治主体的环境，帮助他们突破原有的信息基础、组织条件和行动结构，实现思想的整合与组织目标的确立，实现广泛有效的社会动员。

互联网新技术对社会运动的形成和影响，主要在于互联网所承载的新技术能够克服政治参与障碍，为各种行动组织和社会运动提供联系工具和组织平台，进而成为新的社会动员力量。除突破各种物理障碍外，进入网络空间的门槛很低，从参与在线讨论到签署在线同意书，几乎都可以实现低成本组织。同时，5G 技术带来的网络空间可以更好实现最高级别的"能源运作"和社会动员的"分散"双重效果，成为社会活动人士实现社会动员的有效工具，甚至穿越传统国家的主权，干涉一个国家的内政。这里的"任何组织"可以是国家或各种新兴政治实体，包括新技术公司、商业机构、政党组织、行动智库、非政府组织（NGO）等。

宣传思想工作本质上是在"社会"上做"人"的工作，向人传播党的意识形态。因此，在依托 5G 技术建立的新的社会体系中，加强党的建设，提升党的领导力、引领力，无疑是重中之重。而针对新技术对社会体系的革新，在宣传思想工作真正渗透到新社会形态各个角落的同时，应对基于不同"价值"取向而形成的社会群体的冲击，也是宣传思想工作面对的潜在挑战。

第四节 5G时代的政治挑战

习近平总书记在《论党的宣传思想工作》中指出,"必须把意识形态工作的领导权、管理权、话语权牢牢掌握在手中""网络已是当前意识形态斗争的最前沿""网络意识形态安全风险问题值得高度重视""坚决打赢网络意识形态斗争"①。

尽管自互联网诞生之日起,网络空间就已经开始逐步被建构,但在5G技术的巨大作用下,原本以"虚拟""独立"而著称的网络空间,早已"脱虚向实",对传统意义的国家主权形成挑战。

习近平总书记指出,"宣传思想工作就是要巩固马克思主义在意识形态领域的指导地位,巩固全党全国人民团结奋斗的共同思想基础"②。尽管纸媒、无线电通信和卫星技术、互联网技术不同程度地对国家主权产生了影响,但5G技术对各个领域的影响无疑给宣传思想工作最终带来了前所未有的挑战。

一、5G时代宣传思想领域的空间之争

能否在空间上实现宣传思想的全覆盖,是5G时代对宣传思想工作的首要挑战。创造并控制不同的政治空间,是政治权力发挥作用的重要形式。5G等新技术的运用,使传统行政权力的覆盖范围和管治能力发生萎缩,甚至人

---

① 习近平. 论党的宣传思想工作[M]. 北京:中央文献出版社,2020:21-22.
② 习近平. 论党的宣传思想工作[M]. 北京:中央文献出版社,2020:14.

们习以为常的政治权力运行规则出现失效。原因在于，新技术运用在一定程度上创造出一种政治空间，其是无形、无组织的，或有组织但组织效能低于传统政治。在新的世界中，人们可以摆脱现实世界里原本的身份、声望、地位、财富的束缚，构建出新的社会联系、身份属性，创建网络世界的政治、经济、文化逻辑和秩序；也可以利用网络空间中形成的规则、秩序和社会关系，反过来影响线下的人。

例如，区块链技术的发展以及随之而来的"去中心化"的信息储存方式，可能削弱政府垄断和操控新闻信息的能力；Zoom等视频会议平台为小群体在一定范围内创建跨空间的宣讲、传播平台提供支撑，并不断增强了小群体的凝聚力和扩张力。这些均是在看上去气势恢宏的宣传思想大堤上产生的管涌，对国家宣传思想工作的开展空间形成了挑战。

二、5G 时代宣传思想领域的权力之争

能否牢牢把握主导权，是 5G 时代对宣传思想工作的根本挑战。巴洛在著名的《网络空间独立宣言》中写道："我从赛博空间——精神的新家园而来。我以未来之名要求你（政府）不要对我们施加任何干涉。你不受我们的欢迎，你在我们这里没有任何主权。"[①]

这段话绝不是耸人听闻，而是正在发生的现实。新技术的应用改变了国家权力运行的条件，对国家政权和政府职能配置产生重大影响。以国家的暴力职能为例，传统政治学假设一个社会的暴力资源的制造、占有和使用完全是相互分离的，国家垄断暴力的合法使用，同时剥离了暴力资源制造者的使用权。在新技术政治下，新技术公司所掌控的数据本身蕴含着广泛的暴力功

---

① 巴洛. 网络空间独立宣言 [EB/OL]. 维基文库，1996-02-08.

能，透过数据可以发挥传统的暴力机制所预期达到的功能，颠覆社会秩序，但是数据的制造和使用集中掌控在技术公司手中。无论是规模还是包含信息的深度而言，其掌控的数据都已超过了政府的传统统计数据。这些数据所蕴含的治理复杂性和风险也突破了政府监管能力的极限。当数据和计算深度介入公共秩序的运行，其对政治生活和政治权力的意义也就不言而喻了。

从行政层次来说，自从人类创造出政府以来，政府就一直处于公共服务的中心，供给或者委托绝大多数公共服务。但在 5G 时代，越来越多的新技术公司陆续接管公共服务职能，这也使得政府的组织形态发生革命性变化。在大数据领域，早在 2018 年，全国 31 个省（自治区、直辖市）中大都已经将政务大数据交由新技术公司运营和开发。这些政务大数据正是未来公共服务的底层符码。许多具有创新意识的地方政府开始主动寻求与新技术公司的合作，以解决社会管治问题。在新技术公司日益深度嵌入政府公共服务体系的局面下，"数字主权"绝不是一个很遥远的概念。

三、5G 时代宣传思想领域的主体之争

能否建立并完善适应新技术发展的宣传思想体系、培养一批立场坚定的宣传人才，是 5G 时代对宣传思想工作的关键挑战。在世界范围内，新技术公司都已经渗透到各社会阶层和群体的日常生活中，颠覆性科技的触角几乎延伸到了人类物质和精神生活所能企及的所有领域——当然也包括政治和意识形态领域。

当前，国家与新技术公司的信息汲取能力、处理能力此消彼长。国家不仅无法像垄断暴力那样垄断信息，而且连优势地位都无法占据。国家能力的相对弱化并非由于国家主观上的松懈，而是根植于计算的根本特性。数据的规模效应和范围效应以及"在使用中生产"、算力的分布式发展特征，都需

要一种新型的权力结构与之适配——技术巨头内部权力的高度集中和权力的分布式汲取相结合的权力结构。这种结构的复杂性超越了传统的资本帝国和国家政权，形成了将统一意志与松散、耦合、开放的能力汲取特征相结合的权力系统，使包括国家在内的传统组织体系望尘莫及。这使得政府不得不依赖于企业完成信息汲取的任务和汲取后的处理。

既然"宣传思想工作的主体是中国共产党各级组织和党员干部，宣传途径是党领导的传播机构、传播媒介"①，那么新技术公司所建构的新渠道、新途径，是否能够与党所倡导的宣传思想工作保持一致？其作为主体所提供的宣传产品是否符合党所倡导的宣传思想工作要求？毫无疑问，新技术公司凭借"技术—资本"超级权力，已经成为横亘在政府与群众之间的中介，并前所未有地将触角渗透到每一个普通人的日常生活中，潜移默化地影响和改变一个人的生活方式、行为习惯、价值取向。党领导下的宣传主体是否会被"技术—资本"利益集团所取代，将是我们面临的宣传思想工作的主体挑战。

四、5G 时代宣传思想领域的客体之争

能否彻底争取人民群众、巩固马克思主义在意识形态领域的指导地位，是 5G 时代对宣传思想工作的严峻挑战。在新技术革命塑造的全新传播生态中，新技术不仅成为公众表达自己的观点、协同思考和行动的工具，而且也可能制造一种无所不在的公共权力，个体可能获得指数级的裂变性传播能力。有学者曾指出，在现实生活中存在着并不完全重合的两个"舆论场"，即主流媒体着力营造的"媒体舆论场"和人民群众议论纷纷的"口头舆论场"。在社交媒体平台成为主流传播渠道、用户生产内容（UGC）成为主要

---

① 李毅. 深刻认识宣传思想文化工作是一项极端重要的工作［J］. 红旗文稿，2023（23）：4-8.

内容来源的当下，"民间舆论场"和"官方舆论场"有可能发生错位甚至冲突。需要警惕的是，在传统媒体时代，口头的舆论场主要反映群众通过思考、交流产生的想法与心声；而进入以5G技术为支撑的新媒体时代，民间舆论场受资本等多方角力的影响，变得更为复杂。所谓"人民"或者说受众不再是"枪弹论"中信息的被动接收者，而成为兼具主体性和客体性的存在。

一方面，信息内容的激增使受众具有了主动选择权，可以根据自身偏好选择感兴趣的内容。另一方面，受众同时也是客体，被平台通过技术手段精准描摹用户画像，进而有选择性地进行推送。免费的平台服务与内容获取意味着受众本身成为商品。在资本积累的根本目的驱使下，平台采取"有的放矢"的策略——各大平台竞相囊获个体数据，不断优化个体行为预测模型，进而提升广告和内容推送的精准性，获取更高额收入，增强用户黏性，并进一步获取更多个体数据以产生自我增强的正向循环。

在上述机制之下，资本成为主导传播治理的幕后之手，由宣传受众反馈的民间舆论场不再单纯反映民众的心声，而成为资本干涉下的复杂产物。透过西方大众传播业的发展，能够清晰地看到，虽然传播由于公共舆论的塑造作用带有极强的外部性，但随着商业化、私有化的进程，大众传播领域的市场原则取代了公共服务原则，而选举过程中资本对舆论的操纵也日益凸显出平台通过虚拟影响现实的强大能力。要实现"民间舆论场"与"官方舆论场"的协调与整合，迫切需要牢牢把握"宣传思想的客体"，让马克思主义在受众的意识形态中占据绝对的主导地位。

第三章

守正创新的理论逻辑

第一节 马克思恩格斯、列宁的有关论述

众所周知,马克思揭示了人类社会发展的基本规律:生产力决定生产关系,生产关系对生产力具有反作用。但是有关马克思对于科技在生产力中重要作用的观点,往往会出现很多不同的解读。一个原因是马克思对科技的直接论述较少,间接论述涉及多门学科背景,并且散落在不同著作中,给研究工作带来了巨大的难度。另外一个重要原因是马克思所处的历史时期,主要的资本主义国家刚刚完成第一次工业革命,科技发展处于刚刚起步的水平,与当今不可同日而语。即便如此,通过详细梳理马克思对科技作用的论述,可以发现其对于科技与生产力的关系、科技与无产阶级的关系、意识形态与科技作用的关系等重要论述并没有过时,依然具有天才的预见性。

一、科技创新对生产力发展的重要作用

在《1857—1858年经济学手稿》中,马克思在论述资本与生产力发展的

几种方式时,就曾提出科学力量对生产力的贡献作用,"另一种不费资本分文的生产力,是科学力量"。并且认为"资本只有通过使用机器(部分也通过化学过程)才能占有这种科学力量"①。这是马克思较早对于科学作用的观点,可以看出马克思当时已经注意到科学技术对于生产力的贡献作用。

在《1861—1863年经济学手稿》中,马克思对于机器的应用做了大量的论述,由于当时的科学技术尚未发展到能够决定生产力的程度,因此对于机器在手工工场的应用,就体现了当时最主要的工业科技水平。在资本主义社会,机器的应用首次替代了人力与自然力,是人类生产力发展的一次重大飞越。资本主义社会创造了比以往所有社会形态物质总和还要多的社会产品,其中最为重要的就是机械化代替了手工工场的分工协作。

"不过,以前需要由技术能手轻巧地运用自己的工具来完成的那些操作,现在是这样来完成的:把直接由人用最简单的机械方式(转动手柄,踩动轮子的踏板)所产生的运动转变成工作机的精细运动。"② 机器首先代替了人的劳动,同时使那些由人来完成工作时难免出现的错误不再出现。更为重要的是,机器突破了企业的边界。制度经济学派认为,企业会根据交易成本来决定自身的纵向一体化程度,而机器的应用将交易成本降低,企业的边界即规模将会扩大。这同马克思对于运用机器来扩大工场生产,同时可以产生更高的剩余价值不谋而合。机器体现了科技的应用,因此对于机器的很多论述实质上就体现了马克思对科学技术的看法,而马克思本人也直接对科学技术表达了自己的观点,虽然篇幅不多,但是在对机器应用详细阐释之后得出结论。

---

① 中共中央马克思恩格斯列宁斯大林著作编译局. 马克思恩格斯全集:第3卷[M]. 北京:人民出版社,1960:287.
② 中共中央马克思恩格斯列宁斯大林著作编译局. 马克思恩格斯全集:第47卷[M]. 北京:人民出版社,1960:414.

"自然因素的应用——在一定程度上自然因素被列入资本的组成部分——是同科学作为生产过程的独立因素的发展相一致的。生产过程成了科学的应用,而科学反过来成了生产过程的因素即所谓职能。每一项发现都成了新的发明或生产方法的新的改进的基础。只有资本主义生产方式才第一次使自然科学为直接的生产过程服务,同时,生产的发展反过来又为从理论上征服自然提供了手段。科学获得的使命是:成为生产财富的手段,成为致富的手段。""只有在这种生产方式下,才第一次产生了只有用科学方法才能解决的实际问题。只有现在,实验和观察——以及生产过程本身的迫切需要——才第一次达到使科学的应用成为可能和必要的那样一种规模。"[1] 马克思指出:只有应用机器的大规模协作才第一次使自然力即风、蒸汽、电大规模地从属于直接的生产过程,使自然力变成社会劳动的因素,而自然力的应用是同科学作为生产过程的独立因素的发展相一致的,生产过程成了科学的应用,而科学反过来成了生产过程的因素,每一项发现都成了新的发明或生产方法的新的改进的基础,从上述论述中可以看出马克思对于科学技术重要性的认识。

二、科学技术"守正"于服务人民

印刷术的运用是人类历史上第一次成功地运用技术手段,打破了知识与思想传播的限制,使知识与思想扩展到了新的地理范围。从东方传入西方的印刷术,加速了中世纪宗教在人类思想中统治地位衰落的同时,也加快了科学在西方的传播。恩格斯把印刷术的发明视为欧洲科学复兴的四个条件之一。印刷术的发明推动了出版物的工业化生产,带来了文化的普及。恩格斯

---

[1] 中共中央马克思恩格斯列宁斯大林著作编译局. 马克思恩格斯全集:第47卷[M]. 北京:人民出版社,1960:570.

写道："印刷术的发明以及商业发展的迫切需要，不仅改变了只有僧侣才能读书写字的状况，而且也改变了只有僧侣才能受较高级教育的状况。在知识领域中也出现了劳动分工了。"① 可见，"印刷术的发明和其革命意义，就在于它使出版物成为工人的政治和生活需要，为他们接受马克思主义的无产阶级革命思想，成为有知识、有文化、代表先进生产力、掌握新技术的劳动者提供了基本条件"②。

马克思在分析资本主义社会的实质时指出，分工与协作在机器的应用之后，资本的作用依然是将工人自身的劳动与劳动产品相分离，虽然机器的应用提高了劳动生产率，但是并没有改变资本对剩余价值的追逐性质。"……那么，在这个基础上使劳动更有成效的一切发明，只要不提高劳动本身的紧张程度，就只是增加相对剩余价值。"③

马克思深刻指出，协作、分工和机器这种劳动的生产力，在资本主义制度下，却变成资本的生产力。特别是机器的资本主义应用，使工人阶级和资产阶级的对立日益加深。机器这种过去劳动的产物，似乎是独立的，不依赖于活劳动的。它不受活劳动支配，而是活劳动受资本支配，机器这种铁人起来反对有血有肉的工人。同样，科学表现为同劳动相异化的、敌对的并统治劳动的权力。在资本主义制度下，生产力和生产关系处于对抗性的矛盾之中。工人阶级终将从机器的奴隶变为机器的主人，成为科学技术的主人。④

---

① 中共中央马克思恩格斯列宁斯大林著作编译局. 马克思恩格斯全集：第 7 卷 [M]. 北京：人民出版社，1959：391，600.
② 张养志. 马克思主义出版观的创立及列宁的继承和发展 [J]. 科技与出版，2021 (7)：6-18.
③ 中共中央马克思恩格斯列宁斯大林著作编译局. 马克思恩格斯全集：第 47 卷 [M]. 北京：人民出版社，1960：473.
④ 中共中央马克思恩格斯列宁斯大林著作编译局. 马克思恩格斯全集：第 47 卷 [M]. 北京：人民出版社，1960：说明.

科学创新有两个来源，第一是好奇心，以及获得一个整体世界观的内在要求。第二是满足物质生活的需要，人类必须提高自己制造、使用和改进工具的能力。① 无论哪个原因，科学创新成果本身都只能代表生产力的发展，而不能简单将其归为哪个生产关系的产物。马克思运用历史唯物主义的观点分析过往各个社会形态，发现科技发明是促进生产力飞跃的一个重要因素，谁掌握着社会生产资料，科技发明的成果将服务于谁。可以看出，过往的社会形态里，科技创新是一把"双刃剑"，关键在于服务的对象。这也让我们明确了新时代的背景下，开展中国特色社会主义建设，关键在于宣传思想工作的"守正"。也就是说，一定要坚持科技服务于人民的宗旨。

三、意识形态工作是守正创新的关键

意识形态是对客观实在的反映，体现了统治阶级的精神内核。马克思在《第六届莱茵省议会的辩论》中，分别针对三个特征鲜明的阶级精神就限制出版自由的辩护进行过论战。其中，诸侯等级对英、法、瑞士、比利时等国家的出版自由以及检查制度进行了歪曲的评价，提出"书报检查制度同出版的放肆比较起来是一种较小的恶"②。认为报刊检查制度的推行是一种对德意志精神的有益"限制"。马克思批判诸侯等级的辩护反映了本阶级明显的精神意识，"他（注：诸侯等级的辩护人）证明出版自由是不合理的，他的根据便是书报检查法中表现得十分明显的诸侯的信念。他以为德意志精神的高尚而真实的发展是由于上面的限制"③。

---

① 吴国盛. 科学的历程 [M]. 长沙：湖南科学技术出版社，2018：25.
② 中共中央马克思恩格斯列宁斯大林著作编译局. 马克思恩格斯全集：第1卷 [M]. 北京：人民出版社，1960：65.
③ 中共中央马克思恩格斯列宁斯大林著作编译局. 马克思恩格斯全集：第1卷 [M]. 北京：人民出版社，1960：74.

从对出版自由的辩论中可以看出，各个等级都是从自己的利益出发为自身辩护，对于出版自由的诉求，都是对本阶级权力空间的争夺。真正对出版自由进行合理约束的是法律，而不是由诸侯等级、贵族代表的"省级"审查以及城市等级所主导的检查制度。

作为社会的观念或思想的上层建筑，意识形态在本质上是集团性话语，具有价值导向、行动导向和群众导向的性质，是一个现代国家生存、发展的灵魂。意识形态决定着一个国家、一个政党的性质，决定着举什么旗、走什么路这一根本问题。加强意识形态工作，是用党的历史经验启迪智慧、传承发扬党的光荣传统的必然要求，是切实做到"两个维护"、增强党的团结和集中统一的必然要求，是筑牢共同思想基础、凝聚磅礴奋进力量的必然要求。

机器、自然力与科学是马克思论述剩余价值形成时所深入展开的。马克思还研究了有关19世纪中叶纺织、造纸、制针、机器制造等主要工业部门工艺过程的大量资料，指出机器生产的特点是自动化和联合化，并把工厂制度看作和机器生产相适应的劳动组织。马克思从生产力的变化研究生产关系的变化。他指出："随着一旦已经发生的、表现为工艺革命的生产力革命，还实现着生产关系的革命。"① 也就是说，对于科技与宣传的守正创新，意识形态工作是关键。

四、列宁为"襁褓"的苏维埃争取科技创新条件

列宁对科技发明做出了哲学方面的进一步阐释。他认为："只要你们抱着人的认识是由不知发展起来的这一观点，你们就会看到：千百万个类似在

---

① 中共中央马克思恩格斯列宁斯大林著作编译局. 马克思恩格斯全集：第47卷[M]. 北京：人民出版社，1960：473.

煤焦油中发现茜素那样简单的例子，千百万次从科学技术史中以及从所有人和每个人的日常生活中得来的观察，都在向人表明'自在之物'转化为'为我之物'；都在表明，当我们的感官受到来自外部的某些对象的刺激时，'现象'就产生，当某种障碍物使得我们所明明知道是存在着的对象不可能对我们的感官发生作用时，'现象'就消失。由此可以得出唯一的和不可避免的结论：对象、物、物体是在我们之外、不依赖于我们而存在着的，我们的感觉是外部世界的映象。这个结论是由一切人在生动的人类实践中做出来的，唯物主义自觉地把这个结论作为自己认识论的基础。"[①] 列宁首先将科学技术同人的社会实践相联系，认为科学技术是将外部世界改造成"为我所用"的活动。其次，列宁将唯物观同认识相联系，强调认识是通过人类实践印证后的正确认识。可以看出，列宁对于科学技术的阐释已经进一步体现出马克思主义理论的先进性特点：一方面，科学技术是人们改造客观世界的手段，是扩展人类活动范围的工具；另一方面，从唯物观的批判与革命性角度延伸理解，科学技术由于它的主客观一致性，同无产阶级的唯物观统一，是为正确的社会意识形态下的实践所服务的。

十月革命胜利后，苏维埃政权刚刚建立，可以说正处于帝国主义列强的包围中，刚刚诞生的红色政权随时都有可能面临失败的风险。而即便形势如此，列宁在俄国十月革命刚成功之际，于1918年4月便完成了《科学技术工作计划草稿》手稿。列宁主张利用资本主义一切先进的经验和科学技术。这一观点体现了列宁在社会主义革命初期，对于苏维埃政权在当时的历史条件下所面临的困难，做出的客观正确判断。与《苏维埃政权的当前任务》一文几乎同时写成的《科学技术工作计划草稿》，在内容上和前者密切相关，可

[①] 中共中央马克思恩格斯列宁斯大林著作编译局. 列宁全集：第18卷 [M]. 北京：人民出版社，1988：101.

以看作《苏维埃政权的当前任务》中所提出的社会主义建设总设想的一种具体化。它反映了列宁关于社会主义计划工作的指导思想。列宁要求国民经济计划建立在科学的基础上，要求国家管理工作与科学家的研究工作紧密结合起来。在《科学技术工作计划草稿》中，列宁建议"成立一系列由专家组成的委员会，以便尽快制定俄国的工业改造和经济发展计划"①。在这篇文献中，列宁第一次提出了国家电气化的思想，他要求特别注意促进工业和运输业的电气化以及在农业中运用电力。

列宁在《〈苏维埃政权的当前任务〉一文的几个提纲》中，在说明要学习外国先进的科学技术和经验时，就直接借用了算术公式来表述："乐于吸取外国的好东西：苏维埃政权+普鲁士的铁路秩序+美国的技术和托拉斯组织+美国的国民教育等＝总和＝社会主义。"② 可以从列宁的一系列表述中看出，资本主义国家一切先进的、有利于生产力发展的科学技术都应当为社会主义所利用。

列宁关注欧美科学技术新成就并主张从国外引进技术，还论述了在新的条件下使用愿意为苏维埃政权服务的科学技术专家的必要性。他说，没有各种学术、技术和实际工作领域的专家的指导，就不可能实现社会主义。③ 列宁认为发展技术、推广科学新成就、广泛使用专家学者（包括聘请外国技术专家），乃是恢复和发展国民经济的重要一环。列宁给罗·爱·克拉松、阿·马·尼古拉耶夫、斯·伊·博京和下诺夫哥罗德省执行委员会主席等人

---

① 中共中央马克思恩格斯列宁斯大林著作编译局．列宁全集：第42卷［M］．北京：人民出版社，1988：212．
② 中共中央马克思恩格斯列宁斯大林著作编译局．列宁全集：第34卷［M］．北京：人民出版社，1988：520．
③ 中共中央马克思恩格斯列宁斯大林著作编译局．列宁全集：第34卷［M］．北京：人民出版社，1988：160．

的信，充分说明了列宁对科学技术发明创造的重视和支持。① 列宁重视科学技术和文化教育，他关注欧美科学技术新成就并主张从国外引进技术。他在9月3日致哥尔布诺夫的信中指示，最高国民经济委员会必须明确规定由谁负责向人民委员会和劳动国防委员会清楚地、及时地、切合实际而不是例行公事地介绍欧美的技术，尤其要做到一切最重要的新式机器在莫斯科都应当有一件，以便学习和教授。②

第二节　守正创新理论的中国化发展

一、新中国成立初期对守正创新理论的突破

在这一时期，新中国在守正理论方面的主要突破在于，新中国刚刚取得了新民主主义革命的胜利，建立起红色政权。从外部环境看，为应对西方资本主义对新生政权的破坏与颠覆，守正主要体现在意识形态领域的斗争上。从国家内部来看，守正主要体现为中国共产党人对于实事求是的坚守。新中国刚成立，社会经济发展需要快速步入正轨。因此，这一段时期的工作重点为提高人民的生活水平。这也是守正思想中马克思主义原理的一个基本的观点，即经济基础决定社会发展。而且，中国共产党在革命时期坚持的中国化

---

① 中共中央马克思恩格斯列宁斯大林著作编译局. 列宁全集：第49卷［M］. 北京：人民出版社，1988：634，636，628.

② 中共中央马克思恩格斯列宁斯大林著作编译局. 列宁全集：第34卷［M］. 北京：人民出版社，1988：272.

特色与在经济建设当中以经济发展为基础都体现了守正思想的核心内容：为人民服务这一基本原则。

毛泽东提出："我国人民应该有一个远大的规划，要在几十年内，努力改变我国在经济上和科学文化上的落后状况，迅速达到世界上的先进水平。为了实现这个伟大的目标，决定一切的是要有干部，要有数量足够的、优秀的科学技术专家；同时，要继续巩固和扩大人民民主统一战线，团结一切可能团结的力量。我国人民还要同世界各国人民团结一起，为维护世界的和平而奋斗。"①

在创新方面，受这一时期国际政治环境的影响，西方发达国家一直在经济上对我国进行围堵。而此时的新中国，迫切需要解决的问题就是工业化。由于旧中国工业基础薄弱，我们所能学习借鉴的对象主要是苏联。同为社会主义阵营的苏联，也为我们提供了工业技术支持。毛泽东提出："我们现在学习苏联，广泛地学习他们各个部门的先进经验，请他们的顾问来，派我们的留学生去，应该采取什么态度呢？应该采取真心真意的态度，把他们所有的长处都学来，不但学习马克思列宁主义的理论，而且学习他们先进的科学技术，一切我们用得着的，统统应该虚心地学习。对于那些在这个问题上因不了解而产生抵触情绪的人，应该说服他们。就是说，应该在全国掀起一个学习苏联的高潮，来建设我们的国家。"②

国务院根据中共中央关于迅速改变我国在经济上和科学文化上的落后状况的指示精神，从1956年4月开始，组织600多名中国科学技术专家，并邀请20多位苏联专家，经过半年的研究和讨论制定了《一九五六——一九六七年科学技术发展远景规划纲要（草案）》。规划提出了国家建设所急需的57

---

① 中共中央文献研究室. 毛泽东文集：第7卷［M］. 北京：人民出版社，1999：2.
② 中共中央文献研究室. 毛泽东文集：第7卷［M］. 北京：人民出版社，1999：264.

项重要科学技术任务和 616 个中心问题,并指出了各门类科学的发展方向。这个规划的实施,推动了我国科学技术事业的迅速发展。①

遗憾的是,即便是这时的苏联,也没有搭上信息技术革命的列车。我们在这一领域的创新也鲜有建树,而西方发达国家却完成了通信技术的基础革命,从通信标准到通信设施以及通信终端,整个产业链的初期布局已经完成。

二、守正创新融合下的 5G 技术成果

改革开放初期,我国在科技领域落后于西方发达国家,创新方面主要通过引进—吸收模仿来实现创新。在这个时期,中国的科学技术发展在自身提高的同时,也在学习国外的先进成果。邓小平会见日中文化交流协会理事长中岛健藏等时指出:"大家知道,日本在世界上是科学技术先进的国家。我们是一个大国,但是一个落后的国家。我们欢迎日本朋友在这方面给我们帮助。同时我们要互相帮助。"②邓小平会见法国议员访华代表团时同样指出:"在科学技术方面,你们是发达国家,我们现在还很落后,而且落后的方面还多得很。"③

这一时期,还进一步明确了守正与创新的辩证关系,特别是科技对于生产力的促进作用。1978 年,党中央召开了具有深远历史意义的全国科学大会,确立了科技工作的正确指导思想。邓小平同志在这次大会上,提出了科学技术是生产力、知识分子是工人阶级一部分、四个现代化关键是科学技术的现代化等著名论断。后来,他又进一步指出:"科学技术是第一生产力。"

---

① 中共中央文献研究室. 毛泽东文集:第 7 卷 [M]. 北京:人民出版社,1999:458.
② 中共中央文献研究室. 邓小平文集:下卷 [M]. 北京:人民出版社,2014:169.
③ 中共中央文献研究室. 邓小平文集:下卷 [M]. 北京:人民出版社,2014:190.

1985年，党中央发布了关于科学技术体制改革的决定，开始了科技体制的全面改革。经过十几年改革和发展的成功实践，我国科技工作发生了历史性变化，科技实力和水平显著提高，战略重点已转向国民经济建设，为经济发展和社会进步做出了突出贡献。

创新服务于守正，就是要运用科技创新成果服务经济发展，进而服务于提高人民生活水平，并且始终坚守社会主义现代化的建设。这一辩证关系的明确也厘清了科技创新的路径，就是在积极学习发达国家先进的科技创新成果的同时，坚持自主创新。这与西方主流经济理论是不同的。亚当·斯密提出"看不见的手"才是资源配置的最优手段，因此不必进行自主创新，只需与别人进行贸易交换就可以得到自身所需。但在现实世界的贸易历史中，从来没有出现过这样假想的全球自由贸易，新中国的科技创新之路一直步履踟蹰。5G通信技术的诞生，正是在初期引入模仿西方发达国家2G的基础上，所进行的自主创新。而事实证明，只有坚持走自主创新道路，才能为国家核心竞争能力提供根本保障。

三、新时代背景下的国家创新模式

习近平总书记在2018年12月中央经济工作会议上谈到形成强大国内市场时指出："加快5G商用步伐，加强人工智能、工业互联网、物联网等新型基础设施建设。"在2020年3月4日和2020年4月29日中共中央政治局常务委员会上，习近平总书记强调"加快5G网络、数据中心等新型基础设施建设进度"。2021年5月28日，在中国科学院第二十次院士大会、中国工程院第十五次院士大会、中国科协第十次全国代表大会上，习近平总书记在谈到高端产业取得新突破时指出："5G移动通信技术率先实现规模化应用。"

在《中华人民共和国国民经济和社会发展第十四个五年规划和2035年远景目标纲要》中，3次提到5G，从"加快5G网络规模化部署"到"构建基于5G的应用场景和产业生态"，这些举措就是"推动5G、大数据等新兴领域能效提升"的具体体现。

以上表明，我国经济社会尤其是科学技术水平得到突飞猛进的发展，也表明"创新是经济变革发展的根本动力"，展现了"后发优势"所带来的经济要素在全球的重新配置。通过"后发优势"，我国不断引进西方国家的先进技术，但是必须提升我国自主科技创新能力，否则会因"后发劣势"而导致我国与发达国家科技创新水平的差距扩大。这便要求更好发挥政府的宏观调控作用，依托科技兴国、强国战略，实现对相关企业自主创新能力的提升。

随着中国经济进入新常态，中国特色的社会主义建设进入新时代，依靠科技、依靠创新，尤其是通过技术创新实现集约型经济增长方式，已成为经济转型的关键。

弗里曼（C. Freeman）和纳尔逊（Nelson）依托国家创新理论，主张应当通过体系化的国家创新引导发展模式来实现创新资源配置的不断优化升级，以此更好发挥政府引导企业对相关创新产业进行投资的重要作用。高校和科研机构、中介机构以及企业产业创新发展之间的互动与影响，对于实现企业自主创新，实现产业创新协调发展具有举足轻重的作用。在这一理论中，从事科学生产的高校、其他公共科研机构以及提供制度安排的政府，都构成了国家创新体系的重要组成部分。

由此可见，5G技术正在也仍将在国家整体创新的新时代背景下开展。而这也体现了科技创新服务于社会主义现代化建设，进而服务于人民的理念，这是创新与守正的结合。中国国家创新的模式同西方的国家创新理论相结合，在中国巨大市场规模下进行商用。这是中国自改革开放以来引进模仿创新经验的精练提升，是中国科技创新战略的成果体现，而且仍将在实践中得到进一步检验。

第三节　高校宣传思想工作的理论逻辑

一、马克思主义理论是守正创新的逻辑"内核"

马克思的重要著作《德意志意识形态》是从意识形态展开论述，并由此揭示社会发展规律，以及阐释科学共产主义等一系列理论的。马克思对于意识形态的问题进行了详细阐述，他认为意识形态是实际活动的人在现实生活过程中的反射和回声，"因此，道德、宗教、形而上学和其他意识形态，以及与它们相适应的意识形态形式便失去独立性的外观"[①]。马克思认为交往与生产力是意识形态的现实基础，并且对资本主义的历史作用及其为世界范围交往做出的贡献给予了积极评价，"资产阶级在历史上曾经起过非常革命的作用"[②]"资产阶级争得自己的阶级统治还不到一百年，它所造成的生产力却比过去世世代代总共造成的生产力还要大，还要多"[③]。但资本主义发展的

---

① 中共中央马克思恩格斯列宁斯大林著作编译局. 马克思恩格斯全集：第3卷 [M]. 北京：人民出版社，1960：30.
② 中共中央马克思恩格斯列宁斯大林著作编译局. 马克思恩格斯全集：第4卷 [M]. 北京：人民出版社，1960：468.
③ 中共中央马克思恩格斯列宁斯大林著作编译局. 马克思恩格斯全集：第4卷 [M]. 北京：人民出版社，1960：471.

同时也形成了自身的意识形态。"大工业通过普遍的竞争迫使所有人的全部精力极度紧张起来。只要可能，它就消灭意识形态、宗教、道德等等，而当它不能做到这一点时，它就把它们变成赤裸裸的谎言。""资产者的假仁假义的虚伪的意识形态用歪曲的形式把自己的特殊利益冒充为普遍的利益。"① 在论述社会意识形态与经济基础的关系时，马克思提出了"不是意识决定生活，而是生活决定意识"这一影响深远的科学真理。在此基础上，他指出："实际上和对实践的唯物主义者即共产主义者来说，全部问题都在于使现存世界革命化，实际地反对并改变现存的事物。"②"统治阶级的思想在每一时代都是占统治地位的思想。"③

由此可以看出，马克思对意识形态重要性的基本观点主要表现为以下几点：一是阶级性是意识形态的前提；二是国际交往与生产方式决定意识形态；三是意识形态与生产力发展水平相适应，意识形态工作要处理好经济基础与上层建筑的关系；四是资产阶级歪曲利用意识形态为本阶级服务。这些观点进一步表明：意识形态工作是在人的头脑里搞建设，向来发挥着"唤起工农千百万，同心干"的重要作用。这一工作的主动权只有掌握在无产阶级即人民的手中，才能真正为全体人民服务，才能不断巩固马克思主义在意识形态领域的指导地位，巩固全党全国人民团结奋斗的共同思想基础。

---

① 中共中央马克思恩格斯列宁斯大林著作编译局. 马克思恩格斯全集：第 3 卷 [M]. 北京：人民出版社，1960：195.

② 中共中央马克思恩格斯列宁斯大林著作编译局. 马克思恩格斯全集：第 3 卷 [M]. 北京：人民出版社，1960：48.

③ 中共中央马克思恩格斯列宁斯大林著作编译局. 马克思恩格斯选集：第 1 卷 [M]. 北京：人民出版社，1995：98.

2017年2月，中共中央办公厅印发的《关于加强和改进新形势下高校思想政治工作的意见》指出，要强化思想理论教育和价值引领。把理想信念教育放在首位，切实抓好马克思列宁主义、毛泽东思想学习教育，广泛开展中国特色社会主义理论体系学习教育，深入学习习近平总书记系列重要讲话精神，引导师生深刻领会党中央治国理政新理念新思想新战略，坚定中国特色社会主义道路自信、理论自信、制度自信、文化自信。

二、高校是宣传思想工作的重要"支点"

党的十八大以来，以习近平同志为核心的党中央高度重视意识形态工作，强调意识形态工作是为国家立心、为民族立魂的工作。2013年8月19日，习近平总书记在全国宣传思想工作会议上指出："经济建设是党的中心工作，意识形态工作是党的一项极端重要的工作。"[①] 并强调能否做好意识形态工作，事关党的前途命运，事关国家长治久安，事关民族凝聚力和向心力。习近平总书记在学校思想政治理论课教师座谈会上强调，思想政治理论课是落实立德树人根本任务的关键课程。青少年阶段是人生的"拔节孕穗期"，最需要精心引导和栽培。

法国社会心理学家古斯塔夫·勒庞[②]认为一个群体的整体行为，往往是由这个群体中道德和理性思维水准最低的那个人决定的。这是由于民众都会有一种普遍的盲从心理，他称为"乌合之众"。而对其教育，特别是以学习课堂知识、熟记方法和纲要的教育方式，只会让他们再次回归原有的社会分工，依然遵循固化的社会结构。勒庞还特别提到这种教育在中国（注：清政府时期的封建中国）尤为典型：掌握在等级森严的士大夫手中的中国，取得

---

① 习近平. 习近平谈治国理政 [M]. 北京：外文出版社，2014：9.
② 勒庞. 乌合之众：大众心理研究 [M]. 赵丽慧，译. 北京：中国妇女出版社，2017.

官职需要考试，而检验的唯一内容，就是对古籍的背诵。19世纪的封建中国，并不是西方研究的主要对象，只有少数的学者关注，勒庞对中国教育的关注与看法，也属不易。勒庞对教育的观点很有代表性，他的思想体系或者说意识形态基础及其理论观点，很多存在悖论，甚至在他晚年，其理论与现实实践产生了严重矛盾，但遗憾的是，他本人并未注意到。

这类观点最重要的逻辑起点是从封建统治者的视角看待教育与意识形态问题。其假设农民以及无产者是群体行为的下限，是道德理性的最低者，而为这些"乌合之众"服务的理论，与为无产阶级利益、为弱势民众实践而服务的理论——马克思主义理论，却恰恰相反。马克思主义理论强调的是人的全面发展，是对每一个"乌合之众"的教育与个人的全面发展。封建意识形态基础上的冲突与矛盾，需要得到有力的澄清与正确的判断。而要完成这一重要任务，高校教育自是责无旁贷。

如今的莫斯科大学，由沙皇教育家罗蒙诺索夫倡议，经沙皇伊丽莎白一世·彼得罗英娜下令创办，创办之初服务于封建统治阶级的意识形态宣传。虽如此，莫斯科大学依然从西方发达资本主义的科学技术中获益，特别是完成了化学与物理学科的体系建设。建立在封建社会意识形态基础上的莫斯科大学自然学科的研究目的，自然是为封建统治阶级服务。随着苏联社会主义国家的建立，莫斯科大学也完成了自身的蜕变，成了为苏联社会主义建设培养人才的大学。

这一时期的苏联在列宁的领导下，非常重视科学技术的发展，大学更是将意识形态工作与科学技术的研究和应用作为重要的工作内容。科学史学者阿列克谢·卡捷夫尼科夫认为，在苏联时期，大学的科学研究，正是在社会主义意识形态下，创造了科技巨大的进步。与西方资本主义国家所声称的"科学和民主是天然的盟友"不同，"在共产主义的指引下，苏联科学民主的政策和科学本身一样坚不可摧，他们根本不会提出悖论，因为在他们的眼中苏联科学的显著成就仅仅是肯定了'苏维埃民主'的优势"①。

高等教育在意识形态奠基、形成和宣传中起着极其重要的"支点"作用。从高校的历史发展中可以看出，其在不同的社会形态下的意识形态中承担着不同的职责，为不同的意识形态服务。可见，高校由于其自身的特殊性，一方面它是连接自然科学与社会科学的桥梁。高校可以为自然科学中的社会实践部分提供实践场所，同时也为社会科学提供了自然科学的知识基础。另一方面，高校还是将知识与社会实践相结合的桥梁，高校带有实践特征，也是理论与实践两者相连接的重要纽带。因此，高校为社会主义意识形态服务的底色，必然决定它在意识形态建设中的极端重要作用，是意识形态的奠基者和宣传者。

中国共产党第十九届中央委员会第六次全体会议公报提出："党的十八大以来，中国特色社会主义进入新时代。党面临的主要任务是，实现第一个百年奋斗目标，开启实现第二个百年奋斗目标新征程，朝着实现中华民族伟大复兴的宏伟目标继续前进。"高校有责任与义务，传播最广大人民群众所进行的社会实践，以及经济基础与意识形态成功结合的经验。从这个角度来看，高校是宣传思想工作的重要"支点"。

三、新时代宣传思想工作应正确利用5G"杠杆"

运用先进技术与手段对思想内容进行传播，并不是现代社会才有的现象，人类最早发明语言和文字的目的就是交流与传播思想。孔狄亚克在《人类知识起源论》中便提到过："人类在通过声音来相互交流他们的思想的情

---

① 卡捷夫尼科夫. 苏联时期的伟大科学 [M]. 董敏，译. 北京：中国科学技术出版社，2019：2.

况下,感觉到有必要设想出一些新的符号,以便于把这些思想永久保存下去,并且使不在场的人们也能知道这些思想。"① 思想与传播,本就是相生相伴的关系。印刷术的运用就是人类文明发展史上第一次成功将先进的技术手段作为"杠杆",实现思想的广泛传播。

马克思曾高度评价火药、指南针、印刷术三大发明对瓦解封建制度所起的革命作用。他指出:"火药把骑士阶层炸得粉碎,指南针打开了世界市场并建立了殖民地,而印刷术则变成新教的工具,总的来说变成科学复兴的手段,变成对精神发展创造必要前提的最强大的杠杆。"② 马克思将印刷术对于新教所起的作用形容为传播工具,起到了"杠杆"的效果,这也正是当时西方文明发展运用印刷术的正确总结。而值得我们深入思考的是,自从印刷术传入西方,首先广泛进行印刷的却是经院作品,为宗教思想的迅速传播起到了关键作用。出人意料的是,其中的重要代表人物托马斯·阿奎纳在宣传他的神学著作的同时,其关于劳动价值、价格公平、商业活动、所有制的一些观点,也借助印刷术的应用得到了广泛传播。很显然,这些思想同封建社会意识形态是极其矛盾的,甚至可以说是颠覆。以至于罗斯巴德评价道:"也许圣托马斯最重要的贡献是为经济学而不仅仅是针对经济事务提供了基础或框架。"③

马克思从历史唯物主义的观点得出,科技发明是统治阶级进行剥削的一种手段,因为统治阶级掌握着一切社会生产资料,科技发明的成果也毫无悬念服务于统治阶级。这也进一步明确了在新时代的背景下,开展中国特色社会主义建设,运用5G技术为宣传思想工作服务,就一定要坚持科技服务于

---

① 孔狄亚克. 人类知识起源论 [M]. 洪洁求,等译. 北京:商务印书馆,1989:247.
② 中共中央马克思恩格斯列宁斯大林著作编译局. 马克思恩格斯全集:第47卷 [M]. 北京:人民出版社,1960:427.
③ 罗斯巴德. 亚当·斯密和以前的经济思想 [M]. 北京:商务印书馆,2016:93.

人民的宗旨。

5G 是中国参与研发的第五代移动通信标准。5G 技术的应用可以提供更快的通信速率，可以广泛应用在互联网、大数据、云计算、人工智能、区块链等技术当中。5G 技术的运用能够扩大宣传思想工作的传播范围，在时间与空间上突破限制，超越常规认知，是信息传播技术的重要突破。运用 5G 技术标准所搭建的软硬件体系，成了信息传输的重要载体。

习近平总书记 2021 年 10 月 18 日在十九届中央政治局第三十四次集体学习中指出："要加强战略布局，加快建设以 5G 网络、全国一体化数据中心体系、国家产业互联网等为抓手的高速泛在、天地一体、云网融合、智能敏捷、绿色低碳、安全可控的智能化综合性数字信息基础设施，打通经济社会发展的信息'大动脉'。要全面推进产业化、规模化应用，培育具有国际影响力的大型软件企业，重点突破关键软件，推动软件产业做大做强，提升关键软件技术创新和供给能力。"

宣传思想工作的本质内容是思想，如何把正确的思想传播出去是工作要义。而 5G 技术对于宣传思想工作的核心作用在于加快信息的传输，能够成为宣传思想工作的有力"杠杆"。近年来，各国竞相制定数字经济发展战略、出台鼓励政策，数字经济发展速度之快、辐射范围之广、影响程度之深前所未有，5G 技术的"杠杆"作用更是凸显。未来还会出现"6G""7G"等，正确运用先进的科技成果，将会是宣传思想工作长期面临的现实问题，更需要我们坚持用守正的原则来应对创新，用创新的成果来巩固和弘扬守正思想。

第四章

守正创新的根本原则

2018年8月,习近平总书记在全国宣传思想工作会议上发表重要讲话,指出宣传思想战线进入了守正创新的重要阶段,强调"推动宣传思想工作不断强起来"。习近平总书记的重要讲话,为新时代宣传思想工作指明了前进方向。

"守正"是基础,是根本;"创新"是关键,是手段。坚持政治性、创新性、引导性这三个根本原则,是5G时代推动宣传思想工作守正创新的根本遵循。

坚持政治性原则,面对宣传思想工作的新变化新挑战,宣传思想工作要始终以习近平新时代中国特色社会主义思想为指导,让"守正"成为自觉;坚持创新性原则,要积极适应数字化、网络化、智能化发展趋势,通过数字技术赋能宣传思想工作,持续拓展其广度、深度,增强其黏度,让"创新"成为思想宣传持续走深入实和转型升级的动力和源泉;坚持引导性原则,要自觉肩负起新形势下宣传思想工作的使命担当,因势而谋、应势而动、顺势而为,超前把握思想育人的先进性、引领性方向。通过坚持正确的政治方向,创新思想宣传的方法路径,引领立德树人的发展目标,着力在守正创新中提升宣传思想工作的质效,奋力开创新时代宣传思想工作的新局面。

第一节　政治性原则

党的十八大以来,习近平总书记对宣传思想工作做出了一系列重要论述,这是做好宣传思想工作的根本政治遵循。在5G时代,始终坚持政治性原则,就是要认真贯彻落实习近平网络强国战略思想,持续加强党的领导,牢牢掌握党对意识形态工作的领导权,以正确的政治方向不断提高新闻舆论"四力"。这是加强宣传思想工作的必然要求,也是做好宣传思想工作的根本保证。

一、认真贯彻落实习近平有关网络强国的重要论述

当前,数字革命的浪潮不可逆转,数字经济正开启一次重大的时代转型。数字革命引发了生产力和生产关系的变革,为全社会带来生产工具的改变、能源结构的改变、消费方式的改变以及各个领域业务模式的创新。工业技术与信息技术的深度融合创新生产组织方式和运行方式,引发产业变革和传统产业转型升级。特别是以5G为代表的新一代通信技术创新活跃,加速与经济社会各领域深度融合,日益成为推动经济社会数字化、网络化、智能化转型升级的关键驱动力,通过更快速、更高效推动劳动力、资本、能源、信息等有形资源和无形资源的流动和共享,促进社会生产力发生新的质的飞跃。

信息化特别是5G时代的到来,为中华民族带来了千载难逢的发展机遇。

党的十八大以来，党中央高度重视互联网的发展和治理，统筹协调涉及政治、经济、社会、文化等领域信息化和网络安全重大问题，做出了一系列战略部署，不断推进理论创新和实践创新，提出了一系列新思想新观点新论断，走出了一条中国特色治网之道，逐步形成和丰富了网络强国战略思想。

2014年2月，习近平总书记在中央网络安全和信息化领导小组第一次会议讲话中，首次提出"努力把我国建设成为网络强国"的目标愿景，并指出"建设网络强国的战略部署要与'两个一百年'奋斗目标同步推进"。2015年10月，党的十八届五中全会正式将"网络强国战略"写进《中共中央关于制定国民经济和社会发展第十三个五年规划的建议》。在2018年召开的全国网络安全和信息化工作会议上，习近平总书记站在人类历史发展、党和国家全局的高度，科学分析了信息化变革趋势和我们肩负的历史使命，系统阐述了网络强国战略思想，科学回答了事关网信事业发展的重要理论问题和实践问题。习近平网络强国战略思想，是新时代中国特色社会主义思想的重要组成部分，为全面加强网络安全和信息化工作、加快推进网络强国建设明确了前进方向，也为新时代宣传思想工作提供了根本遵循。

准确把握5G技术发展的有利契机，为我国抢占新一轮发展制高点，构筑国际竞争新优势。党的十九大描绘了决胜全面建成小康社会、开启全面建设社会主义现代化国家新征程、实现中华民族伟大复兴的宏伟蓝图，提出要建设网络强国、数字中国、智慧社会，推动互联网、人工智能、大数据和实体经济深度融合。以5G为代表的新一代信息技术极大加快了数实融合的进程。2021年《政府工作报告》提出，要"加大5G网络和千兆光网建设力度，丰富应用场景"。《中华人民共和国国民经济和社会发展第十四个五年规划和2035年远景目标纲要》提出，要"构建基于5G的应用场景和产业生态"。必须敏锐抓住5G技术发展战略窗口期，加快推动信息领域核心技术突破，努力实现高水平科技自立自强，更好发挥信息化对经济社会发展的引领支撑作用。在宣传思想工作战线，要充分结合5G技术应用的不断成熟普及，大力推动宣传思想工作模式创新，积极引导和加强意识形态教育，努力构建良好新闻舆论生态，不断推动高校宣传思想工作迈向新征程。

宣传思想工作要主动适应5G信息时代发展新要求新需求，做到与时俱进、守正创新。走好中国特色宣传思想工作之路，必须在习近平新时代中国特色社会主义思想指引下，坚持网络强国的建设方向，强化落实中国特色网络强国建设措施。宣传思想工作要主动适应5G网络时代发展特征，顺应数字经济发展需求，正确运用互联网思维，不断提高对互联网规律的把控能力、对信息技术应用的驾驭能力、对网络舆论的引导能力、对网络安全的保障能力，为推进网络强国建设、构建高质量的思想教育体系不断贡献智慧和力量。

二、牢牢掌握党对意识形态工作的领导权

做好5G时代的意识形态工作，必须坚持党的领导不动摇。党的十九大报告指出，新时代中国特色社会主义思想，是马克思主义中国化最新成果，发展中国特色社会主义文化，就是以马克思主义为指导，牢牢掌握意识形态工作领导权。习近平总书记指出，"意识形态工作是党的一项极端重要的工作""在集中精力进行经济建设的同时，一刻也不能放松和削弱意识形态工作""要按照高举旗帜、围绕大局、服务人民、改革创新的总要求，做好宣传思想工作，加强社会主义文化建设，壮大主流思想舆论，重点推动统一思想、凝聚力量"①。

---

① 中共中央文献研究室．习近平关于全面深化改革论述摘编[M]．北京：中央文献出版社，2014：86．

全球化、信息化的发展特别是5G技术的普及应用,极大扩展了信息传播途径,使世界范围内思想文化交流日益频繁,深刻改变着人们的交往方式和活动领域,同时也给我国的意识形态发展带来新挑战。

坚持用马克思主义主流意识形态引领高校立德树人。互联网的迅猛发展,特别是5G技术的持续深入应用,深刻改变着舆论生成方式和传播方式,给不同文化和价值观念交流交融交锋带来前所未有的影响,互联网已是当前意识形态斗争的主战场。习近平总书记强调:"掌控网络意识形态主导权,就是守护国家的主权和政权。"① 高校作为意识形态工作的前沿阵地,在5G网络信息技术快速发展、多元文化观念相互交融的现实背景下,马克思主义在高校意识形态领域的指导地位受到来自国内外各种意识形态的挑战和冲击。西方发达国家凭借其经济、技术、媒体传播等优势,企图对我国进行"西化""分化"以及"颜色革命"。他们通过互联网、影视文学等形式,对大学生进行意识形态渗透。大学生人生阅历浅、辨别力弱,易接受新鲜事物,容易对马克思主义主流意识形态产生认识上的淡化与模糊。与此同时,随着我国社会主义市场体制建设的不断推进,在经济财富快速增长的背后,思想观念和价值取向也更加多元化。伴随国内各种社会矛盾、利益矛盾等带来的问题相互叠加,社会思潮呈现多样化发展态势。高校是社会思潮的晴雨表,各种社会思潮、社会问题、社会热点不可避免会影响到高校师生的价值取向、思想观念和行为方式。对正处于价值观念形成的重要阶段的大学生而言,加强意识形态教育无疑至关重要,引导教育他们"扣好人生第一粒扣子"意义重大。高校要牢牢坚持以习近平新时代中国特色社会主义思想为指导,以高度的政治自觉维护网络意识形态安全,以贯彻落实网络意识形态工

---

① 闻言. 坚定文化自信,建设社会主义文化强国:学习习近平关于社会主义文化建设论述摘编[N]. 人民日报,2017-10-16 (7).

作责任制和网络安全工作责任制为关键抓手，立破并举、守土尽责，推动互联网这个最大变量转化为高校教育事业发展的最大增量。

高校党委必须强化意识形态工作责任制，切实负起政治责任和领导责任。党管意识形态是党的重要原则。高校党委作为意识形态工作的领导核心，必须牢固树立马克思主义在意识形态领域的指导地位，充分发挥社会主义核心价值观在高校意识形态领域的统领作用，面对各种挑战，敢于亮剑。必须坚持完善党委统一领导、党政齐抓共管、党委宣传部组织协调、各部门分工负责、师生员工共同参与的意识形态工作体系，积极构建上下联动、管理有效、保障有力的工作格局。必须研究5G时代给高校意识形态工作带来的新变化、新思维，积极研究应对网络空间意识形态挑战的有效对策，努力用好融媒体等新渠道创新工作方法、思路和手段。要率先垂范、敢于担当，站在意识形态工作的第一线，组织建立知名专家学者、学科带头人参与的专兼职意识形态工作队伍、辅导员和班主任队伍、思想政治理论课教师队伍等，全力推进意识形态工作。

坚持党对意识形态工作的领导权要增强阵地意识。高校思想政治理论课是对大学生进行系统的马克思主义理论教育的主渠道，要加强和改进课堂教学与管理。充分发挥思政课程在意识形态工作中的作用，将思想政治教育元素融入各门课程，形成协同效应，潜移默化地对大学生的思想意识、行为举止产生积极正向影响。高度重视第二课堂在有效防止西方思想文化和价值观渗透方面的重要作用，通过举办报告会，组织社会实践，优化人文、物质环境，开展丰富多彩、健康向上的文娱活动，助力学生成长成才。要严格管理报告会、论坛、讲座等活动主题，杜绝传播错误思想。特别是充分利用5G网络技术带来的移动传播质效提升，发挥网络视频、语音、交互宣传等新优势，不断扩大网络视频授课的覆盖人群和影响力。目前，新媒体成为很多大学生了解新闻时事的首要渠道，高校校园网、新媒体作为重要的意识形态阵地，要乘着5G快速发展和普及应用的东风，加快与传统媒体融合发展，充分运用新技术新应用创新媒体传播方式，努力占领信息传播制高点，解决好"什么时候说""说什么"的问题，积极做好网上舆论斗争和传播正能量的舆论引导工作。

大数据驱动的分析决策模式为5G网络时代做好网上意识形态工作提供了重要抓手。大数据舆情监控通过采集海量信息、分析智能语义、处理自然语言、构建知识图谱等信息技术融合应用，实时监控分析网站、论坛、微博、微信等多渠道信息，及时、准确、全面地掌握各种信息和网络动向，从浩瀚的信息海洋中发掘不良事件苗头、掌握公众态度情绪，并结合历史相似事件进行趋势预测和措施应对分析，结合实际工作经验，对舆情发展态势和影响进行提前研判，以便于在第一时间应对和解决各类舆情问题。

三、坚持正确政治方向，提高新闻舆论"四力"

2016年2月，习近平总书记在党的新闻舆论工作座谈会上发表重要讲话。他指出，"党的新闻舆论工作是党的一项重要工作""坚持党的领导，坚持正确政治方向，坚持以人民为中心的工作导向，尊重新闻传播规律，创新方法手段，切实提高党的新闻舆论传播力、引导力、影响力、公信力"。

公信力是新闻舆论的生存基础，影响力是新闻舆论的质效追求，引导力是新闻舆论的价值体现与核心要求，传播力是传播技术手段创新和新闻舆论的传播能力及效果的体现。四者之间是相辅相成的有机统一整体。在5G时代，创新和发展"四力"，就抓住了新闻舆论工作改革焦点和发展关键，助力推动宣传思想工作的守正创新。

高校宣传思想工作要努力为师生员工服务。党性和人民性是高度统一的。一方面，宣传思想工作要始终坚持中国共产党的绝对领导。宣传思想工作者要增强"四个意识"，严讲政治纪律，严守新闻规律，坚持以正面宣传为主，大力报道改革开放取得的重大成就，社会主义现代化建设给人民生活带来的巨大变化，增强人民群众的幸福感。要引导舆论，鼓舞士气、振奋精神。另一方面，宣传思想工作要吃透党的方针政策，了解广大师生的所需所想所盼，深入师生的日常学习生活，不断提高政策理论指导水平和业务能力，修炼扎实的工作作风。在5G时代，广大师生既是网络内容的生产传播者，也是评判传播效果的裁判员。宣传工作要利用5G新技术拓展媒体服务功能，把网上舆论引导和网下工作结合起来，构建"新闻+服务"的新模式，利用网络新媒体手段及时回应师生关切、解疑释惑、化解矛盾、疏解情绪、凝聚共识。

高校宣传思想工作要坚持以马克思主义新闻观为指导，利用5G技术持续加强"四力"建设。习近平总书记强调，"全媒体不断发展，出现了全程媒体、全息媒体、全员媒体、全效媒体，信息无处不在、无所不及、无人不用，导致舆论生态、媒体格局、传播方式发生深刻变化"[①]。高校宣传思想工作要积极把握数字化、网络化、智能化大势，加快推动媒体融合发展，使主流媒体具有更加强大的传播力、引导力、影响力、公信力，形成网上网下同心圆。高校宣传思想工作者应走入基层，开展调研，转变作风，改进文风，增强脚力、眼力、脑力、笔力，全面提升政治素质和业务能力，锻造成一支政治过硬、本领高强，能够担当新时代宣传思想工作重任的人才队伍。

高校宣传思想工作要坚持媒体融合发展的方向，加快从相加阶段迈向相融阶段。在5G时代，高校新闻宣传工作要通过流程优化、平台再造，实现

[①] 习近平在中共中央政治局第十二次集体学习时强调 推动融合媒体向纵深发展 巩固全党全国人民共同思想基础［N］．人民日报，2019-01-26（1）.

各种媒介资源、生产要素有效整合，实现信息内容、技术应用、平台终端、管理手段共融互通，催化融合质变，放大一体效能，打造一批具有强大影响力、竞争力的新型主流媒体。要加强大数据、云计算、人工智能、物联网等信息前沿技术在新闻传播实践中的应用，制作更多基于大数据、人工智能等新技术的可视化产品，大幅提升新闻信息生产传播效率。要构建科学、设备完善的运行平台，包括指挥控制系统、采编管理系统、采编运行系统、多媒体制作生成系统等开放融合云平台。要构建科学合理的传统媒体和新兴媒体融合发展的一体化运行机制。要把握顺应网络传播趋势，抢抓移动互联网发展机遇，着力优化媒体运行组织架构和工作模式，培养一大批具有较高数字化技能和数字化素养的宣传思想工作者，提升网络时代新闻工作质量和水平，不断推动高校新闻宣传迈出实质性步伐，取得实质性成效。

第二节 创新性原则

以数字化、网络化、智能化、交叉融合为主要特征的第四次工业革命正以指数级速度展开，给我国经济社会发展特别是宣传思想工作带来深刻影响。习近平总书记指出："宣传思想工作创新，重点要抓好理念创新、手段创新、基层工作创新，努力以思想认识新飞跃打开工作新局面，积极探索有利于破解工作难题的新举措新办法，把创新的重心放在基层一线。"① 高校宣传思想工作必须坚持创新性原则，积极利用以 5G 为代表的新技术推动宣传

---

① 习近平在全国宣传思想工作会议上强调 胸怀大局把握大势着眼大事 努力把宣传思想工作做得更好 [N]. 人民日报, 2013-08-21 (1).

思想工作业务重塑、资源重整、格局重构，努力构建形成适应信息革命和互联网新发展阶段的工作理念、工作方式、体制机制，否则我们就有被时代抛弃的危险。

一、5G 时代宣传思想工作实现新发展

5G 时代，新应用新业态不断涌现，为宣传思想工作提供了更多的手段、平台、载体。5G 技术作为一种重要技术变量，着力于"万物互联"，联通虚拟世界和现实生活，是推动宣传思想工作创新发展的关键性技术。5G 技术的加快发展和应用，必将深度影响和改变宣传思想工作各环节，重塑信息传播格局，促进宣传思想工作转型创新，推动宣传思想工作效能提升。

作为宣传思想工作的前沿阵地，高校肩负着立德育人的重要职责。高校宣传思想工作必须深入贯彻落实党中央网络强国战略部署，充分考虑中华民族伟大复兴战略全局和世界百年未有之大变局的时代背景，主动把握 5G 时代互联网的特点和优势，应变局，识大局，谋新局，认清宣传思想工作面临的机遇与挑战，把握宣传工作的原则，全方位掌握媒体融合新优势，推动宣传思想工作全面创新；在牢牢把握社会主义办学方向的基础上，充分利用 5G 技术以及数字化、网络化、智能化平台工具，与时俱进抓好理念意识创新、方法手段创新、工作模式创新，做大做强网上网下正面宣传思想工作，以更好地凝聚共识、引导舆论、营造氛围。

理念意识创新决定高校宣传思想工作的谋篇布局和有效推进。理念意识创新，就是要保持思想的敏锐性和开放度，打破传统思维定式，使宣传思想工作的时代性和实效性相统一。习近平总书记在全国宣传思想工作会议上指出："宣传思想工作一定要把围绕中心、服务大局作为基本职责，胸怀大局、把握大势、着眼大事，找准工作切入点和着力点，做到因势而谋、应势而

动、顺势而为。"① 在 5G 时代，宣传思想工作将呈现更加多元、更加开放、更加透明等特点。要坚持把解放思想、转变观念作为宣传思想工作创新发展的总开关，树立"及时准确、公开透明、全面客观"的舆论引导理念，运用以 5G 为代表的新科技，构建新平台，以新的思路和理念推动宣传思想工作实现新发展，取得新突破。"宣传思想阵地稳固性与国家自身稳固性间存在着密切联系。"② 换言之，宣传思想阵地被打破则直接影响国家社会长远发展。宣传思想工作要牢固树立阵地意识，把各项要求落实到阵地管理中，推动主渠道、新阵地融合发展，把牢用好舆论话语权和信息总闸门。要增强网络宣传思想意识，充分认识加强网络宣传思想工作的重要性和紧迫性。必须尽快适应 5G 时代新形势，正确把握现代信息技术对宣传思想工作的利与弊，扬长避短，趋利避害，进一步增强宣传思想工作的成效。

方法手段创新是提升宣传思想工作水平的重要保证。方法手段创新，就是全方位、立体化、多主体的宣传方法和工具的系统整合。5G 技术能够联通各种信息传感设备与互联网，实现人、机、物的互联互通，让每一个联网的物体都可能被媒体化，走向万物皆媒，实现宣传思想工作领域"万物互联"，使意识形态的传导由有限的空间扩展为无限空间，实现对宣传思想工作阵地的全方位"占领"。习近平总书记深刻指出，"随着 5G、大数据、云计算、物联网、人工智能等技术不断发展，移动媒体将进入加速发展新阶段"，推动媒体融合发展，"正能量是总要求，管得住是硬道理，用得好是真本事"。③"管得住""用得好"，就是要积极利用 5G 时代信息技术的迅猛发展

---

① 习近平在全国宣传思想工作会议上强调 胸怀大局把握大势着眼大事 努力把宣传思想工作做得更好［N］. 人民日报，2013-08-21（1）.
② 《中国共产党宣传工作条例》编写组. 中国共产党宣传工作条例［M］. 北京：法律出版社，2019：15-17.
③ 习近平. 加快推动媒体融合发展 构建全媒体传播格局［J］. 求是，2019（6）.

技术红利，引导各种新的信息传播平台做宣传思想正能量的引领者、信息秩序的维护者，宣传正面典型、传播正确思想，守望社会正义、弘扬民族正气。

视频宣传将成为5G时代主要的思想内容传播方式。在5G技术支持下，人们对视频类信息的获得将更加活跃。要充分运用5G时代"无处不视频、无时不传播"的优势，建立线上线下联动的协同机制，加快宣传思想内容传播的速度，抢占网络阵地，扩大习近平新时代中国特色社会主义思想的有效覆盖，使其成为时代最强音。5G技术的应用将进一步打破媒体与媒体之间、平台与平台之间的边界，出现越来越多的跨时空、跨渠道传播，主流媒体借助移动传播将成为新常态。同时，5G技术将与移动直播、H5应用、无人机采集、机器人写稿、AI合成主播、元宇宙等技术形成融合发展态势，将使VR、AR、全息投影技术以及视频、音频、图片等全息媒体广泛运用于宣传思想工作，从而增强时代感和吸引力。5G技术的应用还将促进宣传思想工作主客体之间的实时互动，带动信息生产、接收、传播的全员联动，发挥在宣传思想工作中的主体性作用和"主人翁"精神，促进形成主流思想宣传的多元主体。通过综合运用移动互联网、微信小程序、公众号等新媒体传播手段，采用广大师生喜闻乐见的方式，提高理论宣传的亲和力，实现更有温度、更有深度的表达，共筑网上网下宣传思想工作的同心圆。

工作模式创新是拓展宣传思想工作深度和广度的重要途径。要把宣传思想工作的重心放在基层，做好打基础的工作。5G时代全媒体平台快速发展，信息传播途径日趋多样，信息获取渠道越来越多，促使人们必须提升对多元信息的自我判断能力。宣传思想工作要秉持"守土有责、守土负责及守土尽责"的工作原则，牢固树立责任意识，不断强化责任观念，充分发挥主体责任作用，统筹管理宣传思想工作的媒体平台。要高度重视5G时代宣传思想工作的全媒体"触角"延伸，覆盖所有基层党组织，通过纵向贯通、横向联动、外向借力，强化思想政治工作，特别是加强培养社会主义建设者和接班人的宣传思想教育，进一步拓展宣传思想工作的广度和深度，不断增强宣传思想工作效果。

二、5G 时代宣传思想工作抢抓新机遇

近年来，5G、大数据、云计算、人工智能、区块链等技术加速创新，日益融入经济社会发展各领域全过程，数字经济发展速度之快、辐射范围之广、影响程度之深前所未有，正在成为重组全球要素资源、重塑全球经济结构、改变全球竞争格局的关键力量。数字经济是继农业经济、工业经济之后的主要经济形态，是以数据资源为关键要素，以现代信息网络为主要载体，以信息通信技术融合应用、全要素数字化转型为重要推动力，促进公平与效率更加统一的新经济形态。宣传思想工作是党的各项工作，包括发展数字经济的生命线。党中央高度重视发展数字经济，实施网络强国战略和国家大数据战略，拓展网络经济空间，支持基于互联网的各类创新，推动互联网、大数据、人工智能和实体经济深度融合，建设数字中国、智慧社会，推进数字产业化和产业数字化，打造具有国际竞争力的数字产业集群。

习近平总书记指出："数字技术正以新理念、新业态、新模式全面融入人类经济、政治、文化、社会、生态文明建设各领域和全过程，给人类生产生活带来广泛而深刻的影响。当前，世界百年变局和世纪疫情交织叠加，国际社会迫切需要携起手来，顺应信息化、数字化、网络化、智能化发展趋势，抓住机遇，应对挑战。"① 随着 5G 技术的迅猛发展，数字化、网络化生

---

① 习近平向 2021 年世界互联网大会乌镇峰会致贺信[N]. 人民日报，2021-09-27(1).

活已成为人民群众的重要生活方式。同时也要清醒看到,算法滥用、平台垄断、大数据"杀熟"、个人信息和数据泄露等问题和风险逐渐突出,直接损害人民群众的合法权益。宣传思想工作要把握正确的舆论导向,积极宣传正确的网络价值观,普及网络安全防范意识,努力营造高校良好的舆论环境。

要加大在高校宣传数字经济发展理念的力度,为教育教学改革提供方向性指引。高校作为数字经济人才教育培养的重要基地,宣传思想工作事关"培养什么人、怎样培养人、为谁培养人"的重大问题。宣传思想工作部门要持续加大党中央关于推进数字经济健康发展的政策宣传力度,围绕当前国家为什么发展数字经济、怎么发展数字经济、如何培养数字经济人才等专题,持续深入推进学习研讨、宣传教育、立德树人和教学育人。同时,宣传思想工作要紧跟5G时代新技术发展趋势,引导高校专业设置、课程内容以及招生就业等工作与时俱进,培养和造就一大批符合5G时代数字经济发展需求的数字化人才队伍,鼓励广大师生投身服务于我国数字经济发展的热潮,不断增强广大师生对发展数字经济战略的思想认同和行动自觉。

三、宣传思想工作向数字化网络化智能化转型

在5G时代,以数字化、网络化、智能化、交叉融合为主要特征的第四次产业革命正以指数级而非线性速度展开,给宣传思想工作带来深刻影响。宣传思想工作与党和国家的工作大局紧密相连。面对深刻变化的国情、民情、社情等,在遵循5G时代宣传思想工作内在规律的基础上,要顺应新形势、把握新动向,推动转型升级和创新发展,增强宣传思想工作的思想性、学理性、吸引力和感召力。

注重运用5G技术推动宣传思想工作的内容转型。随着5G、大数据、云计算、物联网、人工智能等技术不断发展和深入应用,宣传思想工作也进入

加速转型阶段。宣传思想工作要打破媒体与媒体之间、平台与平台之间的边界，出现越来越多跨时空、跨渠道的工作开展方式。宣传思想工作者要主动运用信息新技术，增强宣传教育内容的吸引力、感染力、互动性和实效性。基于大数据技术，助力宣传思想工作者对纷繁复杂、持续累积的数据和信息进行收集、分析、整合、研判等，从而实现透过数据看趋势、透过现象看本质、透过局部看整体。借助人工智能算法完成主导推荐，通过追踪、评估工作对象的思想动态、心理健康、行为习惯、兴趣喜好等，清晰勾勒出丰富逼真的"用户画像"，更好地把握广大师生的资讯需求和心理行为特征，进而实现宣传内容个性化推送和精准化传播，使宣传思想工作更加有的放矢、落地见效。

注重应用5G技术推动宣传思想工作的媒介转型。在5G时代，在大数据、云计算等技术的叠加影响下，高校宣传思想的服务功能将更加完善、立体，融文字、图片、音频、视频为一体的网络数字化形式将成为5G时代高校宣传思想媒体转型的显著标志。移动互联网的应用体验将更多元，以网络直播为代表的视频流将得到更广泛的应用，成为传播的主流趋势；传播内容从视频流向虚拟现实的超视频方向发展，将使宣传思想工作更加生动立体；通过万物互联、虚实互动，实现信息生产、接收、传播的全员联动和实时反馈，使得宣传思想工作内容自动化，更具现场感，扩大覆盖面。宣传思想工作要结合5G时代的特征和社会发展形势创新工作思路和手段，从均衡媒体发展、推进媒体融合、提升媒体素养、优化媒体平台、加强媒体监管等方面入手，不断提高宣传思想工作的辐射力、协同力、胜任力、传播力和引领力。要充分利用多类媒体技术融合发展的契机，积极推动内容的标准化和数字化，通过将抽象的理论性和思辨性内容转化为形象直观、生动活泼且具有现实阐释力的内容，确保其在时空场域全方位呈现、同步化传播和多角度辐射,引发广大师生思想理念和价值观念在情感上的认可和共鸣。

注重应用5G技术推动高校宣传思想工作的人才转型。习近平总书记指出,要"不断增强脚力、眼力、脑力、笔力,努力打造一支政治过硬、本领高强、求实创新、能打胜仗的宣传思想工作队伍"①。宣传思想工作者要充分把握5G大数据时代的技术优势,在把握教育规律、工作规律、青年学生成长规律的基础上,融入新技术、新方法,形成现代宣传思想工作的理念和模式;要充分利用5G技术的优势,积极探索均衡教育配置、共享教育资源、精准教育投送、个性学习分析、全景教学体验、学习实时互动、新型素材引入、沉浸课堂教学等模式,不断提高教育的质量;要把信息技术培养培训纳入宣传思想工作队伍培训的总体规划和年度计划,实施5G等技术应用专项人才培训专项计划,强化队伍的专业能力、专业本领和媒介素养教育,培养大批能够驾驭新一代信息技术应用的"智媒人才"和懂网用网的"行家里手",解决好"本领恐慌"问题。同时,积极引导广大宣传思想工作者主动接受5G技术,充分探索5G技术在信息传播、舆论引导、思想引领等方面的创新引领作用,主动做好主流思想的传播,优化高校宣传思想工作的方法路径,更透彻地理解和把握马克思主义中国化最新理论,更透彻地理解和把握中国特色、发展大势和世界格局,确保在新时代的数字化大潮中把握发展先机。

---

① 习近平在全国宣传思想工作会议上强调 举旗帜聚民心育新人兴文化展形象 更好完成新形势下宣传思想工作使命任务[N].人民日报,2018-08-23(1).

第三节 引导性原则

宣传思想工作是一项政治性、科学性、人文性、创新性高度统一的系统工程。做好5G时代高校宣传思想工作，必须始终坚持引导性原则，通过有效的宣传思想工作，教育引导青年学生成长成才。加强网上网下全域思想政治的引领，突出宣传思想工作的先进性、前瞻性和导向性。

一、坚持社会主义办学方向

立德树人是高校的根本任务。办好中国的高校教育，要扎根中国的实际。中国是社会主义国家，中国高校是社会主义性质的高校。因此，当前加强和改进高校宣传思想工作，要坚持社会主义的办学方向，这个根本方向不能丢。习近平总书记在全国高校思想政治工作会议上对高校思想政治工作应该"培养什么样的人、如何培养人以及为谁培养人"这个根本问题进行了深入阐述。习近平总书记的指示精神高屋建瓴、立意深远，既是中国特色社会主义教育理论的重大创新成果，又是办好中国特色社会主义高校的根本遵循。

坚持正确的办学方向是社会主义教育的内在要求和客观需要。中国特色社会主义制度决定了我们必须坚持社会主义办学方向。习近平总书记在全国教育大会上发表重要讲话，用"九个坚持"来概括新时代坚持中国特色社会主义教育发展道路的核心要求。"九个坚持"的核心，就是坚持社会主义办学方向。这是新时代坚持和发展中国特色社会主义教育的根本原则。

坚持社会主义办学方向，事关中国特色社会主义的前途命运。坚持社会主义办学方向，是全面贯彻党的教育方针、落实立德树人根本任务、培养德智体美劳全面发展的社会主义建设者和接班人的关键。要取得中国特色社会主义事业的最终胜利，"必须把培养社会主义建设者和接班人作为根本任务，培养一代又一代拥护中国共产党领导和我国社会主义制度、立志为中国特色社会主义奋斗终身的有用人才"①。坚持社会主义办学方向，必须做到"四个坚持不懈"：坚持不懈传播马克思主义科学理论，坚持不懈培育和弘扬社会主义核心价值观，坚持不懈促进高校和谐稳定，坚持不懈培养优良校风和学风。要坚持党对高校的绝对领导，要坚持培养社会主义人才，服务于中国特色社会主义事业的发展。

高校的根本任务是立德树人，中心工作是人才培养。在5G时代，要着力提升教育服务数字经济社会发展能力，调整优化高校学科结构、专业设置，建立健全学科专业动态调整机制，加快一流大学和一流学科建设，特别要注重加强大数据、人工智能等专业设置和人才培养，推进产学研协同创新，积极投身实施信息技术创新驱动发展战略，着重培养创新型、复合型、应用型人才。要着力提升数字化、网络化、智能化人才培养质量，优化内部治理结构，优化资源配置水平，提升师资队伍数字化素养，构建更高水平的人才培养体系，推动学校的改革持续深入，利用信息技术创新助力破除制约发展的老大难问题，助推高等教育现代化。

二、深化"三全育人"综合改革

党中央、国务院《关于加强和改进新形势下高校思想政治工作的意见》

---

① 习近平. 培养德智体美劳全面发展的社会主义建设者和接班人［EB/OL］. 中国政府网，2024-08-31.

提出，要坚持全员、全过程、全方位育人。党的十八大以来，党中央高度重视高校思政工作和人才培养工作，对理念思路、目标要求和落实路径做出了深刻阐释。习近平总书记关于教育的重要论述是推进"三全育人"综合改革的重要遵循、思想指引和行动指南。

"三全育人"要始终围绕立德树人这个根本任务和目标。"三全育人"本质上就是把一切育人元素都充分调动和利用起来，把加强党对学校工作的全面领导与学校的人才培养改革紧密结合起来，紧紧围绕立德树人的根本任务，促进学生德智体美劳全面发展，培养社会主义建设者和接班人。这是党和国家事业的迫切需要，是社会主义大学的初心使命，也是时代赋予我们的重大责任。"三全育人"就是坚持中国特色社会主义教育发展道路，落实立德树人根本任务的重要方法论。从育人主体维度，要求全员育人；从育人时间维度，要求全程育人；从育人空间维度，要求全方位育人。"三全"是内在联系的科学整体，相互渗透、有机融合、协调发展，最终的目标都是落实立德树人根本任务。

5G时代，高校要积极运用互联网思维深化"三全育人"综合改革。深化"三全育人"综合改革是加快建设中国特色世界一流大学的重要抓手。"三全育人"综合改革是一项战略性、系统性、长期性工程，不是各项思想政治工作和人才培养工作的简单组合，而是融宏观、中观、微观层面为一体的贯通式育人体系。课程育人、科研育人、组织育人、服务育人等"十大育人"体系是"三全育人"的基础和主要方面，同时以育人为目标，通过完善体制机制、项目带动引领、配齐建强队伍、组织条件保障，实现各项工作协同协作、同向同行、互联互通，形成更加健全有力的思想政治工作领导体制，构建党政部门紧密协同，各院系、各部门有效实施，教职员工广泛参与的"大思政"工作格局。高校推动"双一流"建设的根本检验标准是人才培养的质量和效果，高校的教学、科研、管理等都应积极服务于这个中心，高校的办学目标和各类资源都应主动集中到这个中心，学校的制度和政策都应充分体现这个中心。深化"三全育人"综合改革，就是要健全立德树人机制，构建具有中国特色、时代特征的教育体系和更高水平的人才培养体系，以育人质量的全面提升带动高校"双一流"建设。5G时代，高校要坚持以互联网为依托，推动互联网与"三全育人"深度融合，创新育人理念、育人思路、育人方法、育人手段，实现全员全过程全方位育人，促进学生思想政治工作质量全面提升。要将大数据、新媒体、虚拟现实技术与传统"三全育人"工作优势有机融合，使"三全育人"工作实现由平面向立体、由静止向动态、由单一向多维的转变。

5G时代，要以大学生德育教育"需求侧改革与供给侧改革并举"为导向，努力构建大数据信息平台。通过网络教学技术、网评网阅技术、物联网感知技术、智能搜索技术等构建学生大数据采集平台，采集、记录、感知大学生德育教育整个过程中的数据。要以大学生德育教育活动中思想动态、行为表征等不同维度数据为依据，应用人工智能技术，从现实社会人抽象描绘出虚拟数据人，全面深入分析大学生思想政治观念及心理状况、预测其学习行为表征，为数据分析、画像描绘、精准供给和教学评估提供数据，实现教育内容个性化、精准化供给。要积极探索依靠大数据、人工智能等技术，在学生学习生活阶段，建立学生发展模型和评价体系，通过每个学生独一无二的"画像"，分析、预测学生的发展趋势，进而提前对学生行为进行预判预警和及时干预，实现"生活帮扶""学业帮扶""心理帮扶"。通过抓取分析每个学生在网络上的活动轨迹，如学生浏览特殊网站、搜索特殊词汇，可以及时发现问题，及时干预，防患于未然。

5G时代，高校要探索构建集平台建设、内容创作传播、舆情监控分析处置于一身的媒体融合育人协同机制。高校要全方位打造融媒体矩阵,为学生提供接地气的传播平台、传播内容、学习生活服务、网络素养培养等,实现协同创作、集体发声、师生互动,形成网络育人工作同台演绎、同频共振的格局。要守好网络意识形态阵地,加强对师生的网络舆论教育、引导和管理,及时做好网上舆情处置和引导,确保网络环境风清气正。要通过融入先进的虚拟现实技术、体感交互技术、信息传感技术、图形系统工具、图像信息处理、人工智能技术等,实现课程教学的多媒体化、多信息化以及无纸化,让学生完全沉浸式体验,颠覆性实现课程教学由以"教师为中心"向以"学生为中心"转变。当前,AR和VR以及元宇宙等已在现代教育信息化领域广泛应用。在虚拟教学中,教师通过搭建VR互动体验课堂、VR交互实训课堂、AR学堂等具有高沉浸性、高体验感的新型实践课堂教学平台,为学生带来直观、形象、生动的感官体验,使思政育人课程真正做到有虚有实、有理有据、理论与实践结合,切实提升学生学习的积极性、主动性,有效增强学习教育的效果。

三、加强对大学生思想政治引领

习近平总书记一直重视青年工作,高度肯定青年在实现中华民族伟大复兴中国梦历程中的地位和作用。党的十八大以来,以习近平同志为核心的党中央站在确保党和人民事业薪火相传的战略高度,亲切关怀青年成长成才,为做好新时代青年工作指明了前进方向。习近平总书记围绕青年工作发表的一系列重要论述,立意高远,内涵丰富,思想深刻,阐明了新形势下青年工作的重大理论和实践问题,指明了当代青年的历史使命和成长道路,对于准确把握青年工作的基本要求和重点任务,引导青年树立远大理想、热爱伟大祖国、担当时代责任、勇于砥砺奋斗、练就过硬本领、锤炼品德修为,激励和动员广大青年为实现"两个一百年"奋斗目标、实现中华民族伟大复兴的中国梦而勤奋学习、努力工作，具有十分重要的意义。

5G时代，高校要积极遵循思想政治教育教学规律，加强教育的针对性与有效性。宣传思想工作是高校各项工作的生命线，高校要深刻把握新时期大学生的思想特点，不断提升教学的科学性与艺术性，持续提升高校宣传思想工作的质量和水平。要坚持不懈地用马克思主义理论武装头脑，不断增强广大青年学生对中国特色社会主义的道路自信、理论自信、制度自信、文化自信。要围绕培养担当民族复兴大任的时代新人，强化教育引导、实践养成、制度保障，推动社会主义核心价值观融入社会各方面，使之成为广大师生的思想坚守和行为自觉。要深入开展中国特色社会主义和中国梦教育，抓好大学生理想信念教育，弘扬爱国主义精神。

5G时代，应积极探索"互联网+思政"的新方法、新机制。随着5G技术的日益成熟，互联网已经具备了高速率、大容量、低时延等特性，已经深刻改变每个人的日常生活方式，大学生接受互联网新事物的速度最快，网络深刻影响着大学生的价值意识取向和思维方式。面对网络上各种思潮冲击，要积极探索新方法，创新新机制，充分发挥"互联网+思政"的独特育人功能，加强和改进新时代宣传思想工作，全力打造一个新媒介全使用、学生全覆盖、线上线下高度融合的全媒体矩阵新模式，实现"课内课外、网上网下、校内校外"多维互动。5G时代，高校宣传思想工作的时间和场所发生变化。工作时间不再局限于8小时之内，工作活动场所也不再局限于学校课堂、班会或者宿舍。只要有网络的地方，就是一个传播正能量、弘扬主旋律的有效阵地，就是意识形态工作的主战场。要充分利用5G的网络传播技术开展交互式、渗透性教学，与学生形成平等自然的良性和谐互动。通过信息实时互动沟通交流，及时了解学生动态变化，尊重、理解和密切关心学生，为他们提供各种个性化教育和指导。通过情感的互动交流,消除他们对高校思政教育的心理抵触感和距离感,从被动地接受教育转变到更为主动地去探讨提升。

5G时代,高校宣传思想工作离不开对大数据思维和技术的审视与运用。在物联网、大数据等技术的加持作用下,"人—机—物"实现了深度融合,产生了海量的数据信息,为宣传思想工作的创新提供了全新的观察视野和实践空间。大数据技术与教育的结合日益深入,传统教育模式也在大数据技术的助推下不断转型升级。大数据不仅有助于破解宣传思想工作教育发展的瓶颈,还能够凭借其资源、技术、思维优势,与新形势下教育资源需求的多样化、实践发展的多元化及思维转变的时代化特征相契合。大数据空间全覆盖、时间全天候的特征,为宣传思想工作提供了海量的数据资源。大数据由零散分割向集聚共享、由孤立隔离向协同共治、由主观决断向科学预判等功能,为宣传思想工作提供了技术支持。大数据全样本、复杂性等思维特征为宣传思想工作转变提供了理念支撑。要深入研究大数据背景下高校宣传思想工作的创新,树立"大数据"意识,以大数据思维和方式来推进实践方式的转变。依托大数据技术,优化宣传思想工作的方式,提升马克思主义理论传播的有效性。借助大数据技术挖掘和研究,探索宣传思想工作的规律,分析洞察工作对象的现实需求,提升宣传思想工作的针对性,以更加契合教育对象的方式开展宣传思想工作。

第五章

守正创新的实现路径

随着信息技术、数字经济的迅猛发展，高校宣传思想工作面临难得的机遇和严峻的挑战。做好 5G 时代高校宣传思想工作，是一项战略工程、固本工程、铸魂工程。因此，要在全面把握理论逻辑、始终坚持根本遵循的基础上，积极探索 5G 时代宣传思想工作守正创新的有效路径。

宣传思想工作的地位和作用，决定了在 5G 时代需要实现路径的守正创新。要积极构建政治性、前瞻性、数字化的宣传思想阵地，打造高水平的校内外联动格局，防范潜在性的高新科技反噬，警惕隐蔽性的资本无序扩张，从而为高校宣传思想工作的守正创新提供新路径、新选择、新发展、新格局。

第一节 构建适应 5G 生态的宣传思想阵地

构建牢固的宣传思想阵地，是新时代开展宣传思想工作的基本前提和重要依托。5G技术在通信领域的广泛运用,极大丰富了网络宣传的平台、载体、传播手段和话语体系,深刻改变了信息传播格局和网络舆论生态。

构建适应5G生态的宣传思想阵地,首先要树牢政治意识,站稳政治立场,提高政治站位,把握政治方向;其次要树立前瞻意识,加强5G技术学习运用,抢先占领5G网络宣传阵地制高点;最后要提升数字素养,加强顶层设计,深化学校数字基础设施供给侧改革,搭建校园数字化应用场景。

一、宣传思想阵地建设必须体现政治性

宣传思想阵地建设要体现政治性,就是要树牢政治意识。政治意识作为一种政治心理、政治文化和意识形态,主要是指政治思想、政治观点,以及对于政治现象的态度和评价,表现为始终坚定政治信仰,坚持正确政治方向,坚持基本政治原则,站稳根本政治立场以及保持政治清醒和政治定力,不断增强政治敏锐性和政治鉴别力。政治意识是5G时代开展宣传思想工作最重要、最根本、最关键的意识,是推动学校事业高质量发展的重要基础和全面统领,也是高校及其各级党组织和全体党员、师生员工在政治方向、政治立场、政治言论、政治行为等方面必须遵守的规矩。

第一,提高政治站位。必须立足中华民族伟大复兴战略全局和世界百年未有之大变局,心怀"国之大者",增强政治意识,善于从政治上看问题,善于把握政治大局,不断提高政治判断力、政治领悟力、政治执行力,充分认识"两个确立"的决定性意义,增强"四个意识",坚定"四个自信",做到"两个维护"。必须全面贯彻党的教育方针,坚定社会主义办学方向,坚持立德树人根本任务,为党育人、为国育才,深入推进习近平新时代中国特色社会主义思想进教材进课堂进头脑,大力提升教师队伍政治思想素质和育人能力,切实加强高校网络阵地建设,积极培育和践行社会主义核心价值观，努力培养德智体美劳全面发展的社会主义建设者和接班人。

第二，把握政治方向。必须自觉承担起肩负的使命任务，高举中国特色社会主义伟大旗帜，坚持不懈用习近平新时代中国特色社会主义思想武装师生、教育师生、推动工作，在学懂、弄通、做实上下功夫，推动当代中国马克思主义、21世纪马克思主义深入人心、落地生根。必须牢牢把握正确舆论导向，唱响主旋律，壮大正能量，做大做强主流思想舆论，把士气鼓舞起来、精神振奋起来，朝着党中央确定的宏伟目标团结一心向前进，全面建设社会主义现代化国家。

第三，扛起政治责任。必须切实担负起政治责任和领导责任，提高领导水平，增强驾驭能力，敢抓敢管、敢于亮剑，做到守土有责、守土负责、守土尽责。必须强化依法管理，着力加强制度建设，把高校建设成为学习研究宣传马克思主义的坚强阵地。必须推动宣传思想工作改革创新，创新工作理念和方式方法，增强工作针对性实效性。必须齐抓共管、形成合力。推动校内外协同配合、全社会支持参与，构建高校宣传思想工作新格局。

二、宣传思想阵地建设必须具有前瞻性

5G技术的发展，一方面使高校师生员工的学习、工作和生活更加丰富多彩；另一方面也必然带来许多新情况新问题，使宣传思想工作越来越具有复杂性、突发性和不确定性。在这种新形势下，宣传思想工作者只有具备前瞻意识，才能具有长远的战略视野，才能对不断发展变化的客观实际、对不断发展变化的信息技术增强预见性，从而在宣传思想工作中更加主动、更有创造性。

在宣传思想工作中，前瞻意识不足乃至欠缺的现象较为突出。主要表现在以下几方面：缺乏创新引领，工作远远落后于技术发展；缺乏科学预见，

看不到 5G 技术发展带来的机遇，更看不准带来的挑战，顾眼前较多、思虑长远较少；缺乏主动意识，被技术所牵制，反应迟缓或没有必要的反应等问题出来才疲于应付、匆忙上阵。其结果必然导致工作无创新、无特点、无起色，甚至贻误发展和解决问题的时机，影响学校的高质量发展和稳定大局。

所谓前瞻意识，就是一种超前意识。在 5G 时代背景下，高校宣传思想工作要在科学把握现实世情、党情、国情、校情的基础上，从高等教育、高校和校内相关部门的实际出发，面向未来、着眼长远，形成对当前及今后一个时期宣传思想工作发展走向的清晰判断和科学预见。

第一，进一步加强党的创新理论武装。不断提高战略思维、创新思维、辩证思维能力，拓宽战略视野，要站在推动党和国家事业发展、为党育人为国育才的全局，站在事业高质量发展和宣传思想工作发展的高度，站在技术发展的前沿思考问题，既要充分把握 5G 技术给宣传思想工作带来的发展优势和有利条件，又要提前判断和应对可能出现的矛盾和问题；既要考虑眼前工作，又要着眼于长远和全局问题。

第二，进一步践行党的群众路线。深入实际、深入基层、深入师生员工，进行认真缜密的调查研究，深入了解全面把握 5G 时代师生员工的思想学习工作生活新情况新动态新信息，努力掌握第一手材料和最可靠信息，并对之做出必要的甄别、分析和取舍，摒除私心杂念，冲破名缰利锁，为谋划宣传思想工作奠定坚实基础，推动高质量发展。

第三，进一步加强 5G 技术的学习运用。要把新技术的学习使用列入必修课、常修课，纳入各级各类培训，纳入课堂教学内容。通过组织形式多样的学习、研讨、交流，不断提升运用 5G 技术推动宣传思想工作发展的能力和水平，努力培养德智体美劳全面发展的社会主义建设者和接班人。

三、宣传思想阵地建设必须聚力数字化

5G 技术的创新突破加速全社会的数字化转型进程。宣传思想阵地建设必须聚力数字化,就是要提升数字素养。数字素养是指人类进入数字社会后,各类组织以及人员学习工作生活应具备的数字获取、制作、使用、评价、交互、分享、创新、安全保障、伦理道德等一系列素质与能力的集合,既包括对数字科技的认知和理解,也包括数字化思想文化体系的濡养和熏染,是人类文明"操作系统"的重装和升级。当前,包括5G 在内的数字技术日益广泛渗透到高校方方面面,广泛渗透到宣传思想工作领域,广泛渗透到日常生活、工作和学习中,正深刻改变着人们的思维方式、生活方式和学习方式。是否具备一定的数字素养与技能,已成为影响人们获得感、幸福感、安全感的重要因素,也成为影响宣传思想工作成效的重要因素。因此,必须全面提升公众的数字素养。

第一,加深数字素养意义认识。提升人们的数字素养,是顺应数字时代要求,促进人的全面发展的战略任务,是实现从网络大国迈向网络强国的必由之路,是建设数字强国、教育强国的重要举措,也是弥合数字鸿沟、促进共同富裕的关键举措。

第二,加强数字素养建设顶层设计。把提升数字素养作为一项基础性、先导性工作,切实加强顶层设计、统筹协调和系统推进,整合资源,筑牢基础,补齐短板,整体提升数字化学习、工作、生活和创新的素养与技能,推动数字教育资源、数字技能培训、数字产品和信息服务等高质量发展和开放共享。

第三,深化数字基础设施供给侧改革。以创新驱动、高质量供给引领新需求,着力发展数字基础设施、优化数字资源供给、完善数字环境保障。聚

焦提升师生数字素养与技能过程中的突出矛盾和难点问题，创新政策供给，破除体制机制障碍，着力构建覆盖全校、教学研融合、公平普惠、可持续、有韧性的数字素养与技能发展培育体系，营造良好的数字学习和创新创业环境。

第四，搭建校园数字化应用场景。着力拓展数字生活、数字学习、数字工作、数字创新四大场景，激发建设网络强国、数字中国、数字校园的积极性、主动性、创造性，发挥教育教学、人才、科技、学科和文化优势，提升学校及师生的数字化适应力、胜任力、创造力，促进人力资本积累，厚植创新发展新优势，为全面建设社会主义现代化国家，建设教育强国、数字强国提供高校的数字动力支撑和坚实的人力资源基础。

第二节 打造高水平的校内外联动格局

5G技术在传播领域的深度实践，打破了信息传播的地域、行业和部门界限，特别是将高校校园纳入网络空间舆论场域。5G时代高校宣传思想工作的守正创新，要主动打通校内外宣传，打造校内外联动新格局。要建立顺畅的协调沟通机制，确保上级组织政令畅通，积极打开高校宣传思想工作新局面；同时，要构建"大宣传"格局，以宣传部门为牵头单位，协调各部门，在职能协调和信息沟通中形成良性循环。

一、形成相关部门强大"整合力"

中共中央办公厅、国务院办公厅《关于进一步加强和改进新形势下高校宣传思想工作的意见》指出，坚持和完善党委领导下的校长负责制，建立健全高校党委统一领导、党政工团齐抓共管、党委宣传部门牵头协调、有关部门和院（系）共同参与的工作机制，构建高校宣传思想工作大格局。

（一）加强组织领导

5G时代的宣传思想工作是一个系统工程，既要加快技术升级，整合校园各级媒体平台形成统一的内容制播平台，同时又涉及宣传、学工、教务、总务等相关部门协同联动，因此亟须加强统一的组织领导。要充分发挥党委、宣传部门、网络信息部门、学工部门、马克思主义学院等有关部门的联动作用，加强对网络育人工作的领导。要强化网络安全和信息化工作的领导，统一谋划，统一部署，研究解决网络安全和信息化重要问题。

（二）完善管理制度

制度建设是宣传思想工作逐步走向科学化、制度化管理的根本保障。高校要严格贯彻落实上级领导机关相关文件精神，结合高校实际情况，完善5G技术条件下宣传思想工作系列管理制度体系。比如，网络意识形态工作责任制实施细则、新媒体准入和管理制度、应对重大网络舆情工作规程等。在考核机制方面，既引入新技术、新媒体、新环境带来的新标准，不断完善传统的考核机制；又要正确处理好"流量"和"质量"的关系，规范工作流程，不断提高学校宣传思想工作队伍的积极性。

（三）健全融合机制

建设一套适合自身特点的媒体融合体制，由上至下地对原有体制进行革新。解决校园各平台之间联系不紧密的问题，打破沟通障碍和信息不对称。突破各平台壁垒，让广播台、电视台、校报等媒体信息资源互通。实现对微博、微信公众号、短视频平台等各新媒体平台的资源整合。注意调动广大受众的积极性和创造性，培养一支具有新媒体素养的融媒队伍，提高参与度。对于不断涌现的自媒体人，应当合理引导，充分发挥其积极正向作用和创新精神、影响力。

（四）打造线上平台

在5G时代，要积极应用互联网最新技术，如物联网大数据、云计算等，部署构建智能信息系统，打造统一的视频制播平台。在基础设施建设方面，要加强人、财、物的支持力度，升级校园网络基础设施，引入视频制播平台所需的硬件设备和软件系统。通过创新宣传方式和宣传载体，提高师生的参与度。改变传统的"单打独斗"模式，营造全员全过程参与、多渠道、立体化、全方位的5G融媒体矩阵建设大格局。在此基础上，加强培训、监督和考核，确保视频制播平台的顺畅运行。

宣传思想工作部门要充分发挥制播平台的"中央厨房"作用，积极创作弘扬正能量、唱响主旋律的视频作品，通过校园融媒体矩阵广泛传播，营造良好校园氛围。思想政治教学部门要积极开发宣传思想课程视频资源，做好主流价值的内容提炼和阐发，结合新时代大学生的话语体系和心理特点，不断提升思想政治教育的实效性，增强学生的获得感和满意度。学工和社团管理部门在组织学生和服务学生的过程中，要鼓励学生创作展现思想理论和社会实践的视频成果，为校园视频制播平台提供强有力的内容支撑。图书馆、后勤、总务等部门要积极以可视化方式开发部门资源，为师生打造和谐便利的"沉浸式"校园生活场景。在网站、移动平台同时搭建运行系统，让学校各部门可以"随时随地"参与治理。实现信息收集、智能分析、实时反馈等信息处理环节的功能，从而使校园视频制播平台建设在职能协调和信息沟通中形成良性循环。

（五）推进线下互动

线上平台的运转和互动，归根结底服务于事业发展。要不断健全部门职能，将工作责任落实到人。要不断学习、掌握最新技术手段，运用最新网络语言，及时跟进网络动态，第一时间反馈网民诉求。加强不同部门之间的协同作用，通力合作以切实解决实际问题。

二、形成校内外强大"联动力"

5G时代的高校宣传思想工作是一项系统工程，需要借助各方面的力量，形成强大的"联动力"。

（一）完善校地共建，形成宣传合力

根据高校属地管理的原则，大多数高校直接归属于地方党委和政府管理。因此，地方党委和政府的有效管理是关键。应该说，在传统的网络传播环境下，地方党委和政府与高校之间形成了有效的领导和管理机制。随着5G技术的广泛应用，以及各类新媒体平台的崛起和新型网络舆论场的频繁转移，传统的领导和管理机制面临新的挑战。推进5G时代高校宣传思想工作的开展，要注意完善校地共建机制，将高校人才、智库、信息等教育资源优势与地方生态、产业、文化等发展资源优势相衔接，统筹形成推动宣传思想工作的合力，推动宣传思想工作创新。

（二）开展校校联动，拓宽宣传阵地

由于各高校内外生态环境具有相似性，在5G时代开展宣传思想工作时，各高校面临相同的机遇和挑战。5G时代信息资源极大丰富和通畅，迫切需要打破校际壁垒，加强各高校之间的交流和合作。尤其是在舆情极易通过网络平台蔓延的今天，各高校之间围绕涉校舆情开展合作，保持顺畅的沟通协

调机制，有利于防止负面舆情蔓延，及早化解舆情危机。要完善高校宣传部门的沟通协调机制，搭建更多的高校宣传部门交流平台，促进高校之间宣传思想工作的融合互动、信息共享和资源互助。

（三）推进校媒融合，培养宣传人才

5G 技术的广泛应用，以及网络新媒体的快速普及，使得新闻生产的流程再造、内容生产的机制转型。这给高校宣传思想工作提出了新挑战，也让媒体机构的岗位设置及技能要求发生了深刻变化。高校和媒体围绕新媒体建设、课题设置、人才培养等方面开展合作，既可以让媒体深度融入高校传播场域，为媒体产品找到更多的受众，也可以为高校宣传思想队伍建设提供实战演练场景。当下有些校媒合作已有不少成功的范例。彼此促进，推动人才培养及成果转化，实现更多双赢，才能使校媒合作常态化、可持续化，形成"1+1>2"的效果。

第三节　防范潜在性的 5G 技术反噬

5G 技术与大数据、人工智能、算法推荐等科技的融合应用，重新塑造社会生活样貌，所谓"4G 改变生活，5G 改变社会"。但是作为一项前沿技术，5G 技术本身尚包含着诸多不确定性。它的广泛应用有可能会形成"算法沉迷""信息茧房""大数据杀熟"等技术反噬效应。宣传思想工作要积极应用 5G 技术带来的新型宣传手段，在适应 5G 技术的新型校园传播平台中积极引入"算法推荐"，提供差异化的个性信息流，通过强化和师生互动，提升师生对新型校园传播平台的使用黏性；同时，要最大程度避免因此带来的

"信息茧房"效应，引导师生更加注重科学的信息获取和知识体验，积极构建秩序稳定、信息丰富、引导有力的良好校园网络宣传生态。

一、高新技术的反噬作用愈加明显

随着5G技术的深度社会实践，大数据、云计算等相关技术在各大平台应用场景的推广，"大数据杀熟""算法沉迷""信息茧房"等高新技术的反噬作用也愈加明显。

在5G条件下，依托大数据技术用"算法推荐"取代"编辑筛选"，成为众多平台媒体进行信息分发的主要方式。"算法推荐"的本质是通过大数据技术，实现信息与受众的精准匹配，其价值集中于满足用户的信息偏好。这使媒体与受众从以往的传者主导、受众接收的线性关系，转变为媒体—算法—用户三者之间复杂互动的循环关系，用户的主动地位越发凸显。在信息传递过程中，受众由于受到自身价值立场和知识结构的影响，往往倾向于相信那些自己愿意相信的信息。这种信息选择偏好，其实在传统的传播环境中一直存在。但是，由于受到传统媒体公共属性以及自身理性的制约，不管是在"编辑筛选"还是在"社交过滤"环境下，受众都还能接触到相对全面和多样的信息源。而在"算法推荐"环境下，平台媒体基于用户个人偏好精准推送的信息则更为单一化，从而使得用户被大量同质化的信息所包围。这让"信息茧房""过滤气泡"等现象愈益严重。

主流意识形态的建设，正是要整合各个行业、阶层、社群之间的社会共识，并通过社会主义核心价值观这个"最大公约数"的形式表现出来。但是，"算法推荐"的广泛运用，使得只有与用户在价值立场和兴趣偏好方面一致的信息才会被呈现。这不可避免会使得一部分受众的价值观更加倾向于偏激、固化，政治、社会和文化层面的社群区隔与意识形态分化可能会越发严重,由此会弱化主流意识形态的价值观整合功能。

二、多重举措防范"技术反噬"

5G 时代的高校宣传思想工作,要不断完善校园新型传播平台,消解各类算法对师生的侵蚀作用,引导师生更加注重科学地获取信息和知识体验,充分发挥好高校立德树人的作用。

(一)拓展内容来源渠道,形成内容多元化格局

要加快校园视频制播平台建设,把学校各级单位和广大师生接入统一的网络平台,为拓展视频素材的多渠道来源提供技术保障。充分发挥宣传部门新媒体中心主力军的作用,加强视频创作支持力度,及时创作出传播学校要闻的大量优质视频,通过融媒体矩阵的放大效应,形成良好的舆论氛围。利用校园视频制播平台的共享机制,将各级单位创作的多媒体作品纳入统一播发渠道,增强视频内容供给。与此同时,激发广大师生的创作热情,通过实施一系列内容扶持计划,鼓励师生创作更多接地气的、原生态的视频作品。经过宣传部门筛选和分类后,进行统一播发,以此保证内容生产的丰富性、多样性和生动性。

(二)革新内容创作流程,保证校园传播时度效

5G 技术基础上的内容生产流程并非仅仅将传输技术更迭为 5G 网络,而是要实现多媒体传播渠道的融合发展,建立智能化的视频内容创作机制。通过校园视频制播平台进行内容分发和大数据舆情调研,实现"传播—反馈—再传播"的良性循环,保证校园传播的时度效。要综合利用基于 5G 的超高清视频技术、AR 技术等多种媒介形式,实现校园宣传、思政课程、课程思政、学工活动之间的联动,持续打造校园视频内容品牌,让主流意识形态视

频内容经由 VR、AR 等多元传播形态，使师生受众获得更好的体验感和沉浸感。

（三）用"编辑筛选"消解"信息茧房"效应

在互联网普及之前，新闻资讯的生产主要由传统主流媒体控制，经过"编辑筛选"后分发给广大受众。在这种传播模式下，受众对于信息没有选择权，有些信息未必是他们自己"想要"的，而是编辑们结合主流意识形态原则和商业原则，认为受众"需要"知道的。这可以理解为信息分发的一对多（one to all）传播模式。在"算法泛滥"的传播环境中，高校宣传思想工作可以充分借鉴"编辑筛选"技术，通过在技术层面上向"算法推荐"植入新模块，平衡师生的网络信息结构，以消解"信息茧房"效应，最大程度构建秩序稳定、信息丰富、引导有力的良好校园网络生态。

5G 时代的高校宣传思想工作，应该充分考虑青年大学生的信息接纳方式和话语表达习惯，侧重订制和播发适合其接受的视频，努力使校园视频制播平台成为大学生的校园网络聚集地，实现校园媒体在 5G 条件下的更新换代和升级改造，形成校园内部适宜的小型舆论场。要及时准确地掌握和引导学生思想动态，消解涉校舆情在校外社交平台的肆意泛滥给学生带来的不良影响。

5G 技术条件下，中长视频内容不再受到内容传输和存储瓶颈的限制。要探索对主流意识形态视频内容的生产、创作和传播，增强对优质视频内容的利用，提升主流意识形态的引领力、竞争力和掌控力。作为校园传播的中心枢纽，校园视频制播平台应着力打造校园信息集中化播发和差异化分发相结合的新型传播模式。对于宣传思想工作的重要内容，通过校园融媒体矩阵进行集中化播发。同时，根据各学院和职能部门的信息需求特点，在整合校内外网络信息资源基础上，尝试探索运用内容分发、互动直播等新形式新手法，研究使用算法推荐等新技术新应用，实现精准化的信息推送分发。例如，将学工社团系统创作的思政类和社会实践类优质视频，在制播平台统一调配下分发；将图书馆馆藏信息及最新动态，以可视化的方式分发至相关专业师生；将师生自发创作的视频资源，根据关键词分发至学校各职能部门；等等。

总而言之，借助算法技术但又不被技术所限制，为各级单位和师生提供差异化的个性信息流，保证师生良好的阅读浏览体验；通过强化平台与师生的互动，而不是单向信息传递，提升师生对新型校园传播平台的使用黏性，构建深度融入学校事业发展和师生日常生活的校园5G新平台。

下 篇

第六章

意识形态工作激浊扬清

党的十八大以来，习近平总书记多次就加强意识形态工作做出重要战略部署，特别是对切实加强新时代高校意识形态工作和网络意识形态工作做出重要判断和明确指示，为高校在更加复杂艰巨的局面中，尤其是应对飞速变化的互联网迭代发展、5G 技术的广泛利用、以元宇宙为代表的互联网新生态等一系列重大挑战时，坚持正确的办学方向，牢牢把握意识形态的主动权，更好地为党育人、为国育才，起到定海神针的作用，收到激浊扬清的实效。高校意识形态工作所面临的挑战和压力，仍会因科技进步对认知过程的解构、智能革命对认知体系的重建、技术赋能催生新的思维方式等而不断演化、叠加；与此同时，针对 5G 时代的高校意识形态工作，清醒认识其极端重要性、深刻研判其新风险挑战、加速提升思想引领力、有效把握关键发力点，已经成为决策者、管理者、思想政治工作者必须重视和解决的课题。

第一节　5G 时代：深度重塑网络意识形态

意识形态具有显著的时代性，会跟随社会的变迁发生相应的转型与变革，受政治制度、经济基础、社会思潮、思维方式等多重因素影响。其中，技术发展的影响力日益凸显，特别是科技的迅猛发展对人的知识结构、认知方式都产生了巨大冲击。智能技术的普及重构了人的认知体系，基于 5G 技术的传播方式的革新、虚拟仿真的推广、元宇宙的探索与应用等，更是深度重塑了网络意识形态。

一、科技进步将意识形态场域延伸至虚拟空间

习近平总书记强调，宣传思想工作的根本任务是要巩固马克思主义在意识形态领域的指导地位，巩固全党全国人民团结奋斗的共同思想基础。意识形态是反映一定阶级观念体系的哲学范畴，虽然不直接作用于物质资料生产和经济社会发展，但事关国家民族的凝聚力和向心力。

意识形态被普遍定义为"对事物的理解、认知，是一种对事物的感观思想，也是观念、观点、概念、思想、价值观等要素的总和"。相比于赋予意识形态精准明确的定义，马克思主义经典作家更注重阐释意识形态的生成路径和传播路径。马克思在《德意志意识形态》中相对完整地"从发生学角度论证意识形态的产生过程"[1]，批判了"德国哲学从天国降

---

[1] 李萍. 马克思意识形态论[M]. 北京：中国社会科学出版社，2013：39.

到人间"①,确立了从物质实践出发研究意识形态的历史唯物主义方法论,"发展着自己的物质生产和物质交往的人们,在改变自己的这个现实的同时也改变着自己的思维和思维的产物"②,也就是认为由生产劳动创造的社会物质生活及其上层建筑才是意识形态的基础。列宁接受并强化了马克思的观点,"他将意识形态置于社会变革与社会再生产中进行思考与实践,即与社会制度、社会结构、社会生产力的再生产相联系"③。掌握着国家政权、以维护国家安全稳定为目标的中国共产党人,更加关注社会主义意识形态的传播工具,毛泽东要求"应该把报纸拿在自己手里,作为组织一切工作的一个武器,反映政治、军事、经济并且又指导政治、军事、经济的一个武器,组织群众和教育群众的一个武器"④,并要求党政干部要"善于管理学校、报纸、通讯社和广播电台"⑤。

社会主义进入新时代,信息技术越来越成为影响意识形态的重要因素。习近平总书记关于"网络已是当前意识形态斗争的最前沿"的科学判断,揭示了信息技术正悄然改变意识形态的作用方式甚至是生成机制。他同时指出:"今天,宣传思想工作的社会条件已大不一样了,我们有些做法过去有效,现在未必有效;有些过去不合时宜,现在却势在必行;有些过去不可逾越,现在则需要突破。"⑥ 作为最高效开放的信息媒介,互联网为精神文化产

---

① 胡芳,詹传生. 列宁社会主义意识形态建设理论及其历史贡献 [J]. 理论与评论,2020(1):29-40.
② 中共中央马克思恩格斯列宁斯大林著作编译局. 马克思恩格斯选集:第1卷 [M]. 北京:人民出版社,1995:73.
③ 胡芳,詹传生. 列宁社会主义意识形态建设理论及其历史贡献 [J]. 理论与评论,2020(1):29-40.
④ 中共中央文献研究室. 毛泽东文集:第3卷 [M]. 北京:人民出版社,1996:111.
⑤ 中共中央文献研究室. 毛泽东文集:第4卷 [M]. 北京:人民出版社,1991:1405.
⑥ 中共中央文献研究室. 习近平关于全面深化改革论述摘编 [M]. 北京:中央文献出版社,2014:84.

品的生产提供了新一维度的生产工具，建立了与物质世界相对应的虚拟社会，从而产生了反映并反作用于现实社会的网络意识形态。

有研究团队将以元宇宙为代表的新一代互联网定义为"三维化的互联网"①。与之相对应的报纸、杂志等传统媒体和平面化传播的电视、网络等新媒体，共同构建了信息技术的二维时代。马克思主义政党始终注重掌握理论宣传武器。二维时代的信息技术改变了意识形态的传播路径，导致意识形态安全风险叠加，主要表现为有形传播向无形传播转移、主流传播向大众传播转移。二维信息时代发展到后期，网络意识形态的传播载体不再真实可溯，传播主体也不再是"自上而下的、强制性地将有利于维护统治阶级利益的意识形态向民众进行灌输"②，每个人都可以借助虚拟开放的自媒体平台成为网络意识形态的主体。

二、5G 时代加剧网络意识形态的复杂多元

技术综合应用形成了网络意识形态的多样场景。5G 技术不是单一维度的技术概念，而是网罗多个领域前沿关键技术的综合体系，历史地看，又是科技演进过程中动态更新的技术选择。网络意识形态对于信息技术的依赖性强。5G 时代的智能信息技术群为各类网络思潮创造了丰富的载体平台和多样的展示场景，并且不断尝试从情感表达和价值取向等感性认识上贴近人们的感官。5G 技术在现实世界或虚拟空间的应用，叠加了单一技术的场景编织能力，发挥了智能技术的"综合效应"。例如，万物互联背景下民用电子

---

① 元宇宙发展研究报告 2.0 版 [R]. 北京：清华大学新闻与传播学院新媒体研究中心，2022-01-21.

② 奉鼎哲，秦勇，李后强. 网络意识形态的特征及其安全建设初探 [J]. 毛泽东思想研究，2017, 34 (5)：74-79.

设备中深度学习技术和人机交互技术的叠加,网络直播中虚拟现实技术和数字孪生技术的叠加。技术在人与社会产生联系的过程中不再仅仅发挥"工具"的作用,而是通过"互动"识别、解读人的情感意图,这又特别符合青年群体的认知需求。相关研究表明,"青年在意的不是内容本身,而是内容所处的场景"①。综合应用5G技术塑造和传播的文化形象,比以往任何时候都更加生动、拟真,对网络社会参与者的意识形态影响也更有冲击力和现场感。

文化群体林立创造了网络意识形态的多元秩序。英国社会学家汤普森认为,"现代社会中的意识形态分析必须把大众传播的性质与影响放在核心位置,虽然大众传播不是意识形态运作的唯一场所"②。亚里士多德曾说"人是社会性动物"。社交需要是人的基本需求之一,数字化的大众传播提高了人们认识世界的效率,扩大了信息交换与信息传递的范围,帮助人们快速结成兴趣相近、取向相同的趣缘群体。这些亚文化群体通过构建自己的符号体系、价值观念与表意方法,创造了特征鲜明甚至具有虚拟共同体意识的网络意识形态。值得注意的是,具有绝对同质性和高度封闭性的网络群体并不存在。在5G时代,任何新媒介的加入都可能造成原有群体的分裂和区隔,重塑网民个体的自我认知,从而产生了开放多元且碎片化的网络意识形态秩序。此外,高质量、沉浸式的网络社会参与体验打破了人们理解其他人类文明资源的时空限制,其他社会的精神文化成果也更容易介入、影响和拆解当前的网络群体,虚拟"文化部落"的多种选择进一步分化了意识形态的网络秩序。

---

① 廉思. 用"场景革命"打赢意识形态的"不对称战争"[J]. 思想政治工作研究,2016(2):18-20.
② 汤普森. 意识形态与现代文化[M]. 高铦,文涓,高戈,等译. 南京:译林出版社,2005:286.

市场选择机制助推了网络意识形态的多头竞争。在市场经济条件下，虚拟世界的文化产品大多以营利为目的，而传播的广泛性和视听的快捷性又使其对人们的价值取向、社会的舆论导向起到了"非经济性"的影响，即网络文化产品同时具有商品属性和价值属性。此时包括自媒体在内的网络媒体，也兼有商品生产者和价值传播者的双重身份。然而即使是在虚拟社会，网络文化产品的价值属性也应优先于商品属性。5G时代的互联网市场是"流量"的市场，网络文化产品资源消耗率低、经济附加值高，大数据、云计算、区块链等"去中心化"技术的应用有效杜绝了网络文化产品的垄断式生产，吸引了更多网民成为网络信息市场的供给方，以追求更高的经济效益。网络信息的供给方和产品的生产者在争夺流量的同时，也在争夺网络意识形态的话语权。只有获得并不断巩固消费者的价值认同，才能避免在高速率的产品迭代中被"划过""刷走"。这就导致虚拟社会中的观点碰撞、思想交锋越发复杂激烈，对网络意识形态安全构成潜在风险和较大威胁。

5G技术乃至后5G（5G-Advanced）技术群是信息时代从二维跃升至三维的标志和基础。它不仅促使更多主体涌入，打破了原有的意识形态格局，还试图在虚拟空间还原或重构现实世界，并赋予虚拟世界一套突破自然规律的运行法则。掌握虚拟世界创造能力的个人或组织，有可能改变网络意识形态的生成逻辑。由于脱离了传统意义上物质基础的意识形态必然具有虚拟、虚构乃至虚假性，如果在三维信息时代中，人们的生产生活和社会交往高度依附于虚拟世界，那么意识形态对现实的依赖性将被解构，意识形态领域的风险和国家安全风险将以乘数级甚至几何级增长。

三、智能革命重塑意识形态的建构过程

"探索现实未知"和"破解未来图景"是人认识世界的两大核心命题。

在社会科学家为人类社会发展的最高形态争得不可开交时，互联网工作者也在用技术手段刻画未来世界的样貌，"元宇宙"的概念随即应运而生。元宇宙是5G时代的特有产物，自诞生之日起就被贴上"前途""未来""圈套""幻想"等褒贬不一的标签。与刨根问底地追问"元宇宙是什么"相比，弄清元宇宙的技术背景和应用场景，更有助于人们增强对利益驱使下的市场骗局的免疫力，发现智能革命的深远价值。5G时代智能技术群仍不足以支持科技革命的第四次飞跃，而元宇宙的比较优势在于高密度集合现有的技术条件，在虚拟时空突破物质的障碍，通过XR、数字孪生等技术建立三维交互式的互联网，依靠AI引擎、区块链、Web3.0等技术或机制完成现实本体在虚拟空间的创造活动。①从认识论的角度看，传播学媒介化理论认为，元宇宙不但再次延伸了人的认识工具，而且重新塑造了社会关系发生、维系与发展的媒介②，同时以去组织化的方式解构传统社会，构造了一个人机融生的媒介化社会③，人类本体的感知力、决策力和行动力在元宇宙的世界里或可得到无限制增强。政务、航天、教育、医疗等诸多领域已经借用元宇宙的理念和基础技术设计其在虚拟时空中的样态，虽然元宇宙完全实现和全面普及的交互设备尚不成熟，且元宇宙存在被泛化和滥用的现象，但它不再是简单的技术概念，而是一场由智能革命引发的，需要全学科、全行业参与和解读的存在革命。

马克思主义哲学提出，意识是人脑的机能和属性，是客观世界的反映。

---

① 元宇宙发展研究报告2.0版［R］．北京：清华大学新闻与传播学院新媒体研究中心，2022-01-21．
② 喻国明．未来媒介的进化逻辑："人的连接"的迭代、重组与升维——从"场景时代"到"元宇宙"再到"心世界"的未来［J］．新闻界，2021（10）：54-60．
③ 喻国明，耿晓梦．何以"元宇宙"：媒介化社会的未来生态图景［J］．新疆师范大学学报（哲学社会科学版），2022，43（3）：1-8．

智能革命对意识形态的挑战归根于智能技术群在虚拟空间高度还原物质世界、深度模拟人类改造世界的物质活动。主体、客体和手段是实践的基本要素，辩证唯物主义要求实践必须具有物质属性。而元宇宙分离了人类物质的本体和精神的分身，人类得以在现实空间和赛博空间两个平行时空里相融共生，虚拟世界里的实践活动将大大降低实践要素的物质属性。元宇宙的生存空间扩展能力、感官体验扩展能力，可以降低精神对物质的依赖。物质资料的生产只需要为现实世界的生存条件提供保障。生产资料的获取和生产关系的形成在元宇宙里以人类思维的能动作用为存在基础。此时在一定意义上，存在的唯一性被打破了，智能革命引发了存在革命。物质的变革直接影响意识的变革，元宇宙中的主体和客体随着实践的去物质化而"脱实向虚"。从客体出发，元宇宙通过构建场景拟真现实甚至是想象中的画面，且不同于人脑中形成的思维片段。场景化的元宇宙是动态且可感知的，这一全方位的感官体验由元宇宙中的主体——人类本体的分身完成。本体的内在特质、个性与能力又在设定虚拟角色的自由世界里得以释放，心物二元论和"我思故我在"等哲学命题在元宇宙中得到验证。不同于智能技术群局部改变人们的认识过程，元宇宙重新定义人们认识世界的源头和终点，主体的能动性突破了现实世界的物理限制，同时客体的象征性代替了物质世界的真实状态，主体和客体的互动在运用思维进行创造和感知的过程中更加频繁，带来了认知的解放和超越。至此，认知的基础性和过程性要素都已经"失守"，意识形态的形成方式由于智能革命的到来可能面临颠覆性的重构，认知科学需要重新确立一套建立在"观念中的现实"和"想象中的共同体"之上的世界观和方法论。

第二节 5G 思维：深刻辨析高校意识形态工作

高校本就是传播信息、生产知识、激荡思想的风口和前线，历来是意识形态工作的重要基地。在新一代互联网快速发展和虚拟时空广泛应用的当下，高校早就没有了围墙。青年师生思想更加活跃，社会思潮更加汇聚荡涤，自媒体发声更加主动频繁，高校面临的意识形态工作压力也更加艰巨复杂。在此情境下，高校思想政治工作者必须切实提升工作战力，主动强化互联网思维、5G 思维、虚拟现实思维等新的思维方式，敢于、善于在新形势下开展工作，努力掌握主动赢得胜利的行为模式和工作方法。

一、清醒认识 5G 时代高校意识形态工作的极端重要性

意识形态关乎旗帜，关乎道路，关乎国家政治安全。在中国共产党建党 100 多年的革命、建设和改革进程中，一代代中国共产党人接续推动了马克思主义意识形态的理论创新，建立了具有中国特色的意识形态话语体系，科学回答了"什么是马克思主义的意识形态""应该坚持什么样的意识形态""如何做好意识形态工作"等必须面对和解决的重要问题。确保我国意识形态领域绝对安全的长远之计，在于培养青年一代真心拥护党的领导和社会主义制度，牢固树立共产主义远大理想和中国特色社会主义共同理想。5G 时代智能信息技术的突飞猛进，正在加剧我国意识形态安全面临的风险挑战。因此，作为主战场的教育领域意识形态工作比以往任何时候都更加重要。

科学的意识形态观是培育时代新人的重要前提。意识形态观既包含一定

阶级运用其思想体系在认识和改造社会的实践过程中形成的根本观点、创造的精神生产资料，即世界观的意识形态；也包含运用意识形态充当认识和改造社会存在的思想武器，即方法论的意识形态。① 中国共产党人继承和发展的马克思主义意识形态观，是在发展中被经济社会各项事业检验过的科学世界观和方法论的统一。其科学性在于，"随时随地都要以当时的历史条件为转移"②。随着国际形势加速进入百年未有之大变局、信息革命进入5G时代，西方意识形态渗透和多样化的社会思潮试图借助新媒体和新技术打通暗道，抢占新一轮意识形态建设风口，尤其是输入一些逢迎青年群体批判精神但与我国经济社会发展不相适应的错误世界观。反观我国的一些高等院校，在一定程度上存在着重知识传授、轻人格培养的问题，意识形态的世界观建设落后于方法论教育。用技能教育替代"三观"教育，往往只会培养崇功尚利的钻营者而非崇法尚德的建设者。相关研究表明，有些青年学生希望国家富强但不关心发展道路，个人修养结构中政治素养和专业素质不平衡，相当一部分青年学生信仰模糊。③ 习近平总书记在全国教育大会上强调，要在坚定理想信念、厚植爱国情怀、培养奋斗精神上下功夫，思想政治教育是"三德"和"五育"的先决。高校教育工作者需要清楚地认识到，没有世界观和方法论相统一的科学意识形态观，就培养不出担当民族复兴大任的时代新人。

在意识形态安全领域，高校是总体国家安全的前沿阵地。总体国家安全观包含了16方面的内容，其中政治安全是根本。国家间的政治博弈集中表

---

① 吴恒. 中国共产党意识形态观百年流变的哲学意涵[J]. 湖南师范大学社会科学学报, 2021, 50 (4): 16-22.
② 中共中央马克思恩格斯列宁斯大林著作编译局. 马克思恩格斯文集：第2卷[M]. 北京：人民出版社, 2009：30.
③ 仇志伟. 自媒体视域下大学生意识形态教育研究[D]. 石家庄：河北师范大学, 2018.

现为意识形态的博弈。苏联亡党亡国的历史教训深刻揭示了一个政权的瓦解往往是从思想领域开始的，思想防线被攻破了，其他防线就很难守住。思想演化是长期过程，也是代际过程，缺少社会经验和政治锻炼的青年群体最容易向主流思想发起挑战。"人类的每一代都会比上一代更加数字化，青年人被称为'数字原住民'或者'数字一代'"①，网络已经成为这一代青少年群体的生活必需品。他们以更强的学习能力满足自己对于未知世界的好奇心，并在不经意间接受了数字化产品所渗入的意识形态。其中，高校学生群体不仅能够熟练使用互联网和智能技术，更因为接受了系统的教育、掌握了各方面的信息而乐于运用"批判的武器"与自己不认同的社会现象针锋相对。这无疑增加了意识形态安全在高校环境内的风险系数。与青年学生朝夕相处的高校教师，是重要的知识分子群体，同样具有强烈的批判意识，并通过著述、课堂、论坛、讲座等环节扩大自身观点的社会影响力，成为高校意识形态安全的"双刃剑"。此外，当前我国高等教育部分基础学科、绝大部分应用学科发源于西方，当代学者习惯于运用西式社会科学方法论来研究我国的社会问题，导致高校学科的知识框架和研究范式难免受到西方意识形态的影响。所以，建设具有中国特色、弘扬中国精神、凝聚中国力量的学科体系、学术体系和话语体系，是维护意识形态安全的重要任务，高校意识形态重镇一旦失守，将引发总体国家安全的节节溃败。

二、深刻研判意识形态工作的新风险新挑战

关于防范化解重大风险，习近平总书记曾做出全面系统的论述。他强调，要深刻认识和准确把握外部环境的深刻变化和我国改革发展稳定面临的

---

① 王华. 防范化解意识形态领域重大风险 [M]. 北京：国家行政管理出版社，2020：82.

新情况新问题新挑战，坚持底线思维，增强忧患意识，提高防控能力。精准识别风险挑战的源头和表现形式是防范化解的重要前提，而高等教育在国家战略布局中又享有特殊地位、承担特殊使命，所以需要同时把握高校意识形态工作的性质特点和5G时代意识形态安全的隐患所在。

在5G时代，真实性受到挑战，高校意识形态虚假风险凸显。马克思反复指出要从生产生活的实践出发，"从地上到天上"建立物质的意识和科学的观念，意识形态的虚假性体现在其"颠倒了存在和意识、生活和观念的关系，从幻想的观念出发，以观念代替现实"①。相比于直接面对生活压力的社会成员，青年学生习惯于通过观念的现实认识和评价世界，数字孪生、场景仿真等虚拟现实技术迎合了学生群体的精神需求。如果元宇宙赋予虚拟世界全面的感官体验，那么虚拟世界将"比真实更真实"，成为学生思想观念的"物质"基础，学生长期在虚拟世界里形成的虚假意识形态势必会与现有的社会规则发生冲突，进而增强了学生对于社会制度的抵触和不信任。此外，网络是虚假信息的滋生土壤，虚假宣传并未止步于一些典型事件的谎言编织。在5G时代，利用AI程序和深度学习算法能够实现音视频的模拟和伪造②，操纵本就易动摇的青年学生的心理情绪，导致信任衰退效应加剧。

在5G时代，准确性受到挑战，高校意识形态偏差风险凸显。受到认知能力和环境等因素的限制，人们自然地存在认知偏差。这种知觉失真的现象在社会阅历比较疏浅、生活空间相对封闭、是非辨识度偏低的高校学生群体身上体现得尤为明显。网络的信息集成度和透明度曾被认为能够有效破除认知偏差。事实情况却是，大数据和算法推荐技术生成每一位网民的用户画

---

① 侯惠勤. 马克思关于意识形态虚假性之判断与当代意识形态之争论［J］. 河南大学学报（社会科学版），2002（2）：1-6.
② 王华. 防范化解意识形态领域重大风险［M］. 北京：国家行政管理出版社，2020：37.

像，构造"过滤气泡"，重复同质信息，将人们再次禁锢在"信息茧房"的牢笼里，网络的"回音壁效应"成了认知偏差的"扬声器"。虽然个体的认知偏差并不直接危害意识形态安全，但是青年学生的主体意识和表达意愿强，其个人喜好往往通过群体生活获得认同，一旦群体内偏见叠加并导致负面信息过剩，那么群体认同很可能演变为群体极化，对主流价值构成挑战。青年学生亟须接受主旋律的引导和辨识能力的培养，在5G技术的不当应用和群体极化的双重作用下，高校学生群体会面临迷失对于理想信念的坚持和真理事实的追求的险峻形势。

在5G时代，可控性受到挑战，高校意识形态隐匿风险凸显。互联网去中心化的内容生产形态是5G时代的技术热点，主张任何人都可以借助网络充分进行自我表达和自我实现，在维护个人权利、彰显个体价值等方面发挥了积极作用，但这一类智能技术的滥用也加剧了消极自由平等观念的蔓延。自由和平等是人类社会的基本价值追求，也是社会主义核心价值观的重要组成部分，还是青年学生极度期待的生活方式和组织原则。社会秩序和社会分工必然要求个体的自由平等受到限制和约束，即便如此，浪漫主义的自由和平均主义的平等依然具有强烈的吸引力，这种消极的自由平等观念很容易得到学生群体的情感认同。加密或匿名的网络空间大大降低了网络行为成本，其中猎奇吊诡、激进违禁的网络产品和"无拘无束""为所欲为"的消极自由平等观念助长了一些青年学生的好奇和逆反心理，由于暗网具有多点分散、私密隐蔽的特点，识别和排除暗网成本远高于建立成本，因此，黑灰空间在高校内的流行极大地增加了意识形态工作的管理难度。

在5G时代，向心性受到挑战，高校意识形态解构风险凸显。我国各项事业发展取得的显著成就得益于中华民族强大的向心力和凝聚力，5G时代信息的指数级增长带来了信息碎片化，正在切割社会的共同体意识和集体主义精神，致使"精致的利己主义"大行其道。智能信息技术在解构社会的同时给西方意识形态渗透以可乘之机。值得玩味的是，西方阴谋论者向我国网民，特别是青年用户输出的个人主义价值观，并不符合西方世界的社会现实，而是想象中的个人权利至上，具有理论上的正义性和实践中的虚假性，诱导青年学生对碎片化的价值正义狂热崇拜。"佛系""躺平""摆烂"等传递消极情绪的网络热词反映了伴随着社会黏性的减弱和利益竞争的加剧，社会中个体的自我认知也在被解构，青年学生融入社会的热情和对网络的依赖此消彼长。意识形态工作需要树立思想上、行动上的核心意识和看齐意识。如果所有学生同时丧失了集体精神和公民意识，高校思想政治教育将成为空谈，青年一代的理想信念也将沦为敌对势力和投机分子的"无主之地"。

三、增强意识形态工作的思想引领力

一是增强对于信息技术新潮的学习内驱力。高校不是远离社会的避风港，而应成为物质文明和精神文明的策源地。高等教育要培养创新型、复合型、应用型的有用人才，就要持续引领经济社会和科学技术的发展进程。党的十八大以来，中共中央政治局就网络强国、区块链技术、量子科技、数字经济等科技创新主题进行了多次集体学习，为全体党员干部树立了榜样。应该有危机感和紧迫感。要认识到，学习是教育工作者的终身课题，高等教育比任何行业都更处于社会发展变革的风口浪尖。如果稍有放松，就会陷入本领恐慌，退化成技术新潮的"门外汉"和学生眼中的"老古董"。信息技术在5G时代的更迭速度要求我们不仅不能落后，更要时刻领先，以积极的兴趣、包容的精神和紧张的状态牢牢把握历史主动。

二是增强对于网络社会思潮的政治判断力。社会思潮是社会发展的晴雨表，与主流意识形态形成一元主导、多元并存的局面，集中反映了特定群体

的关注热点和思想状况。5G 时代移动互联应用的高密度产业布局，扩大了社会思潮涌流的覆盖领域和受众范围。网络不但为各类社会思潮提供了传播扩散的生存空间，而且是其争夺话语权的工具和扩大影响力的阵地。网络终端背后的任何个体，都"无一幸免"成为社会思潮吸引和拉拢的对象。在 5G 时代，单纯利用技术手段阻遏社会思潮的散播已经不再是确保意识形态安全的灵丹妙药，应善于从政治上研判形势、分析问题，善于从思想上把握方向、辨别是非。政治判断力要求高校教育工作者运用马克思主义立场观点方法看待网络社会思潮产生的历史经纬，评估对于高校意识形态安全的风险挑战。只有做政治自觉头脑清醒的"明白人"、帮助学生明辨是非的"引路人"，才能在意识形态斗争前线"任凭风浪起，稳坐钓鱼台"。

三是增强对于青年文化热潮的关注理解力。青年一代在我国经济建设、社会治理、科教文卫、国防军事等领域发挥了举足轻重的作用，其中，00 后、05 后已经是高等教育的主要受众，他们在融入社会的过程中创造着具有独特身份标识的符号体系和价值观念。这一现象被学界称为"青年亚文化"。而移动互联设备和智能信息技术又是青年最乐于接受并用于创造亚文化的载体。以互联网技术为主的新兴媒介，推动了青年亚文化与主流文化之间的碰撞交融。事实证明，"说教式"的教育手段只会加剧文化裂变。习近平总书记号召全社会"主动走近青年、倾听青年，做青年朋友的知心人""真情关心青年、关爱青年，做青年工作的热心人""了解他们的思想动态、价值取向、行为方式、生活方式，倾听他们对社会问题和现象的看法"[1]。这才是符合青年文化诉求和成长规律的教育方式。

四是增强对于高校舆论潮涌的疏解把控力。青年学生习惯于从自身的角

---

[1] 做青年的知心人、热心人、引路人，习近平这样要求 [EB/OL]. 海外网，2019-05-01.

度和理想的状态理解和定义社会的运行规则，尤其对于身边违背价值正义的现象抱有极大的同情心和同理心，提出尖锐的甚至偏颇的批评。这种负面情绪通过网络空间发酵、堆叠并形成舆论风潮。近年来，实名呼吁和匿名宣泄的双轨并存已经成为高校舆情的显著特征之一。除了微博、微信公众号等具有社会影响力的公众平台，网络树洞、匿名论坛等隐性空间越来越被一些青年学生视为"精神净土"。个别学生甚至肆无忌惮地借助网络匿名的"保护伞"，表达非理性、非道德的私人欲求。如何疏解群体情感宣泄带给学生的虚假共鸣，需要高校教育工作者主动关注恣意奔涌的青年舆论场，严格把控网络舆论暗潮，弘扬主旋律，传播正能量，疏解青年学生普遍存在的压迫感、焦虑感、落差感和剥夺感。

四、精准把握意识形态工作的关键发力点

党的十八大以来，党和国家高度重视思想政治工作和网络安全工作，在高等教育人才培养、青年学生理想信念、哲学社会科学理论研究等事关高校意识形态阵地建设的重点领域做出战略部署，使得高校意识形态形势持续向好、全局趋稳。中央维护意识形态安全的坚定信心、坚强决心和坚实举措，证明了智能信息技术不是洪水猛兽，只要找准关键发力点，就可以将其驯服、为我所用。

高校意识形态工作要努力发现新规律，坚持学术研究和思想引领。习近平总书记在哲学社会科学工作座谈会上指出，"实践也证明，无论时代如何变迁、科学如何进步，马克思主义依然显示出科学思想的伟力，依然占据着真理和道义的制高点"[1]。智能信息技术并不能超越物质世界的运行规律独立

---

[1] 习近平. 在哲学社会科学工作座谈会上的讲话 [N]. 人民日报，2016-05-19 (2).

发展。时至今日，我们仍然可以用马克思主义科学的意识形态观探索和解读网络信息的传播规律、社会价值的选择规律、理论宣传的普及规律，把高校意识形态工作和学科建设、学术研究、课堂讲授紧密结合。① 立德树人是高校的根本任务，教学和科研是高校的基本职能，二者齐头并进、相辅相成。面对任何由时代变革引发的重大理论问题，都不能只考虑青年学生培养、忽视理论问题研究，也不能只追求理论创新、放弃价值引导。"以研促学"的教育理念，主张学术科研成果在教育教学中得到充分应用。青年学生感兴趣的理论是生动鲜活的、内涵丰富的、逻辑完整的。要努力发现学生的政治认同规律，少向学生灌输"是什么"，多帮学生理解"为什么"，启发学生探索"怎么做"，善于提炼和创造易于被青年一代接受的新理念、新表述，让教育的学术之花结出青年学生的信仰之果。

高校意识形态工作务要利用新技术，强化数据监测和内容生产。用辩证的观点看待风险和机遇的关系，是中国共产党人的优良传统，也是指导中国革命多次转危为安、中国发展多次化危为机的科学方法论。5G 技术是对现有互联网信息技术的全面升级和改造，具有无可比拟的数据集成优势、传输速率优势、场景拟真优势……高校意识形态工作要紧跟时代发展潮流，顺势而为，乘势而上。网络空间的任何活动都可以被记录和追踪。要科学合规地了解学生的用网习惯和思想动向，利用大数据技术建立每一名学生的网络数据档案，配合算法推荐有针对性地发布主流信息，冲抵网络"污垢"对学生的负面影响。要认识到，"青年学生注重表象的、外部的、形象的感性内容学习，对感性和直觉的依赖性增强，对枯燥理论有一定排斥"②。这就要求主

---

① 铁铮. 新时代高校意识形态工作的性质与特点 [J]. 中国高等教育，2019（24）：33-35.
② 王涛，刘修阳. 高校主流意识形态教育的问题与对策思考 [J]. 思想理论教育导刊，2014（1）：94-96.

流信息生产者运用虚拟现实技术，丰富学生浏览主流信息时的感性认识，提高宣传内容的趣味性和感染力，让科学的意识形态观通过沉浸式的场景体验入脑入心。

高校意识形态工作要建立新阵地，打造媒体平台和文化品牌。习近平总书记曾告诫党员干部："宣传思想阵地，我们不去占领，人家就会去占领。"① 当前，在一些青年学生喜闻乐见的文化社区和视频平台，各高校官方运营号的关注度普遍低于部分自媒体，说明其运营队伍仍在不自觉地依赖传统媒介和旧有手段开展工作。要警惕宣传阵地建设是否走错了"考场"、选错了"战场"，意识形态工作的发力点是否和青年学生的关注点背道而驰。媒体平台和技术手段只是宣传的传播载体和生产工具，缺少优质的文化主题会被"随手划过"。美国传媒巨头萨默·雷石东曾说："传媒企业的基石必须而且绝对必须是内容，内容就是一切。"高校是文化大发展大繁荣的先锋队，从来不乏鲜明独特的文化现象，很多高校还拥有厚重的历史印记。这些文化现象发挥出品牌效应，就能具有旺盛生命力、核心竞争力和持久感染力。因此，要高度重视对校园文化品牌的培育和推广，找准"主战场"、建设"新阵地"，注重以文化人、以文育人，不断提高主流信息的流量和声量。

高校意识形态工作要依靠新青年，调动青年教师和学生骨干。在高等教育领域，意识形态工作的实施者和承担者都是师生群体，其本质是人培养人。智能技术作为信息传输的媒介用于辅助个体感官的延伸和认知能力的增强，泥沙俱下的网络信息和尚不成熟的虚拟时空不能替代人与人在相互作用中的真实感和信任感。因此，无论智能技术怎样迭代和发展，意识形态工作的关键始终是打造一支政治过硬、本领高强、求实创新的工作队伍。"高校

---

① 闻言. 坚定文化自信，建设社会主义文化强国：学习习近平关于社会主义文化建设论述摘编［N］. 人民日报，2017-10-16（7）.

专业课教师既是专业知识的传播者，又是思想道德的示范者"①，特别是青年教师群体接受新生事物能力强，能够与学生打成一片，更容易受到学生的接纳和尊重。与此同时，高校普遍建立了体系严密、深入基层的团组织和学生组织，培养了一大批思想自觉和行动自觉的学生骨干。他们是广大青年学生的"身边人"，可以成为意识形态工作的"好帮手"。要发挥青年教师和学生骨干的特点优势，指导他们坚定理想信念，加强党性修养，鼓励他们主动贴近学生所思所想、服务学生成长成才，把他们嵌入"导学、讲学、研学、比学、践学、督学"的各个环节，让青年影响青年，让青年引领青年。

---

① 万欣荣，叶启绩. 高校意识形态阵地建设研究 [J]. 思想政治教育研究，2015，31（3）：21-24.

第七章

思想政治工作完善体系

当前，5G 技术正在深刻影响生产生活的各领域和全过程，极大改变了人们的生产方式、生活方式、思维方式和学习方式，并对思想政治工作产生了日益显著的影响，从工作者的主观能动性的调动，到工作理念的变革、模式的升级转变，再到工作效果的智能化、立体化、精准化，充分彰显了技术赋能的深层成果。高校思想政治工作贯穿立德树人根本任务的全领域各环节。要更好地肩负起新时代为党育人、为国育才的重任，就必须抓住 5G 技术发展的新机遇，以技术支撑丰富思想政治工作内容、创新工作方式、完善效果评价，实现新时代思想政治工作高质量发展。

第一节 5G 时代激发思想政治工作主体育人自觉

整合思想政治工作力量，形成更有效的育人合力是做好 5G 时代思想政治工作的人力基础和动力保障。5G 时代不仅带来技术的巨大变革，也直接影响和改变着高校思想政治工作者的主体自觉，推动教育主体或主动或被动地深化对 5G 时代思想政治工作的认知、反省、理解和超越，不断调整工作的自我定位、活动指向和价值担当，并在此基础上更好地履行符合工作规律、促进学生发展的职责使命。

一、5G 时代思想政治工作理念变革

5G 时代，数据技术发展日新月异，各类网络信息对从互联网浪潮中成长起来的大学生的价值取向和思想方式产生巨大影响，使得 5G 时代下的思想政治工作面临着严峻的考验和前所未有的挑战，这就要求思想政治工作要顺应互联网发展的新理念。5G 技术这一时代产物可为思想政治工作赋能，激发教育工作者通过系统性、多样性以及发展性的育人理念变革，顺应时代发展，丰富教育手段，创新教育内容。

（一）思想政治工作系统性理念变革

系统性育人理念变革契合时代的变革和大学生复杂的思想行为，更加符合高校思想政治工作与时俱进的时代要求，利用 5G 数据技术明显的量化特征来开展工作，能够达到育人的实效性。工作理念的系统性变革要求高校思想政治工作者要构建更加适应时代发展的系统性教育体系，不仅是传统的线下课堂教育模式，还要把学校、家庭、社会等现实育人环境和网络平台等虚拟空间共同构建成完整的教育体系。5G 数据技术可以让这些现实和虚拟的育人环境相互密切联系起来，优势互补、形成合力，全方位获取有效思政育人信息，更加系统性地掌握大学生思想动态，支撑 5G 时代的思政育人需求。[①] 思想政治工作者在掌握大学生整体思想状况的同时，要兼顾个体差异，

---

① 樊荣，康喜兴，李鹏，等．"5G+"时代推动高校"三全育人"工作创新发展[J]．山西高等学校社会科学学报，2019，31（S1）：1-4．

避免将系统性误解为笼统和概括,应注重划分层次,对不同特征的大学生强化分类指导。例如,可以运用大数据整体画像,通过年级、学生工作经历、实习实践经历、专业特长等综合分析,使思想政治工作思维层次更清晰,达到系统有把握、分类有指导的育人目标。

(二)思想政治工作多样性理念变革

多样性育人理念变革旨在通过数据技术将大学生思想状况分析结果更加清晰量化地呈现在教育者面前。5G时代,微信、微博、抖音以及各类短视频等网络媒体平台使每个人都同时扮演了信息的传播者和接收者,大学生作为信息化时代的深度参与者,无时不在主动表达着他们的思想状态和价值认同。受到多元文化和思潮的影响,学生个性化教育需求愈加强烈,在学习习惯、思维方式、认知结构等方面更加多样化。传统的单一化教育理念与高校人才培养目标之间已存在一定隔阂,难以适应如今大学生多样化的发展需求,难以契合技术变革带来的教育关系变革要求。在此背景下,高校宣传思想工作理念正在逐渐由单一化向多样化转变。大数据思维理念具有强烈的个性化特征,与传统思想政治工作"单一化"思维方式形成强烈反差,大数据分析结果的应用更有助于满足时代特征和大学生的个性化需求。数据技术与思想政治工作的融合发展涉及多维度、多方面、多主体和多要素,需要思想政治工作者不断提升辩证思维能力,用辩证思维方式处理学生多样化的需求,通过数据技术对思想政治工作实施相对应的教育干预,从而更全面地反映学生情况。

(三)思想政治工作发展性理念变革

思想政治工作与时代社会有着共同的属性,就是发展过程是不断变化且迅速的。发展性理念变革要求思想政治工作者不满足于现状、不拘泥于现实,通过5G时代背景下的数据技术更准确地寻找、遵循教育规律,及时掌握师生不断变化的思想动态，使教育走在思想变化前面。发展性理念更着重于挖掘师生思想动态的潜力，促进其全面发展，从而有效提升思想政治工作的主动性和前瞻性。通过5G技术可以快速实现对师生学习、社交活动和日常生活的全方位、全过程记录，并形成动态数据库，帮助思想政治工作者精准掌握师生思想动态的阶段性变化，掌握教育规律，提高育人工作实效性。例如，通过数据技术预测分析可能对师生产生影响的各类因素，有效探索出师生的阶段性思维倾向规律，使思想政治工作者更迅速地预判师生潜在的教育需求，提前做出正确的教育干涉及引导。数据技术通过算法实现对大学生受教育情况的分析、计算和评价等，但在这个过程中也不能忽视思想政治工作者的主体性，应呈现以思想政治工作者的主体性价值为引领、以数据技术与思想政治工作同频共振为趋势的发展态势，更加满足育人发展性理念的要求。

二、构建与时代相吻合的动力机制

随着5G技术的发展，网络技术与思想政治工作融合日渐深入，对思想政治工作主体的能力要求也进一步提高，为适应信息技术发展带来的机遇与挑战，思想政治工作主体要主动调整，顺势而为，完善教育培训机制，构建对话交流机制，优化激励监督机制，构建思政工作动力机制，推动思想政治工作提质增效。

完善教育培训机制，提升思想政治工作能力素养。5G时代，信息技术更新迭代迅速，为开展思想政治工作带来诸多挑战和契机。思想政治工作者要主动加强技能培训，不断提升自身能力素养，激发内生动力，以适应新时代育人环境。首先，要注重加强理论培训，夯实思想政治工作理论根基，阐释好习近平新时代中国特色社会主义思想，讲好中国故事，传递好中国声音。

其次，要加强信息技术应用培训，树立大数据思维，主动掌握人工智能设备、云计算等应用技术，不断提升自身的数据意识和信息意识，熟练掌握基本的数字技术，提高对信息的分析和预测能力。借助人工智能应用技术、大数据等，进行垂直化纵深式内容挖掘，实现教育内容与时俱进，用"供给侧改革"思维为教育对象提供内容丰富、价值导向强的产品。最后，要加强信息传播技能、网络舆论引导能力培训，不断提升网络思政工作的专业化科学化水平，把握网络舆论引导政治方向，唱响主旋律，传播正能量，成为运用现代传媒开展宣传思想工作的行家里手。

构建对话交流机制，转换思想政治工作思维方式。5G时代智能化设备层出不穷，思想政治工作者要紧跟时代步伐开数字方法之新，把创新思想政治工作模式摆在首位，善于推动"需求侧""供给侧"双向发力，建立起与5G时代相适应的新思维方式。一方面，注重加强思想政治工作者之间的交流研讨，实现"需求侧"要素管理，整合技术内需。通过交流聚焦现实中普遍性问题难点，集中"头脑风暴"，实现信息互通有无，上下贯通。例如，5G技术强化了全天候24小时的信息传播模式，打破了时空界限，原有的填鸭式、模式化一对多的育人思维模式要逐步向个性化、定制化育人方式转换。根据学生特点，突出个性化教育，根据学生不同年龄、学科专业、心理特点，因材施教，有的放矢，真正构建以人为本的教育模式。另一方面，开展思想政治工作者与技术工作者之间的对话沟通，实现"需求侧"与"供给侧"之间的有效衔接，依托技术供给转变育人方式。例如，在重大时间节点，通过与网络信息技术充分交融开展网络育人，有效发挥大数据技术红利，运用最新的舆情监控系统，精准把握舆论传播渠道、方式、内容、特点，聚焦潜在风险，进行及时有效的分析研判和科学评价，适时进行教育引导，对于苗头问题即时干预，妥善处理。

优化激励监督机制,推动思想政治工作提质增效。激励监督机制是执行落实工作的动力。新时代,5G技术应用更加广泛,及时采取多种形式的激励监督机制,有利于调动思想政治工作者的内在积极性。一方面,建立5G技术应用创新成果激励机制。鼓励并大力支持依托5G技术建设虚拟教研室、打造虚拟课堂,积极宣传推广运用5G技术产生的优秀育人成果、案例,并结合影响力、覆盖范围等设置不同目标,根据达到的不同效果给予相应奖励,激发育人主体参与主动性。另一方面,建立5G技术转化应用考核监督机制。将5G技术应用纳入思想政治工作体系日常督办,将5G运用频率纳入思想政治工作体系考评指标体系,定期报送运用5G技术开展育人工作的基本情况、效果和存在的问题难点。纳入党建责任制,利用"三会一课",定期开展5G技术知识培训。纳入巡视巡察,督导整改落实,建立线上线下反馈渠道,听取广大师生关于5G技术应用于思想政治工作的意见建议,集思广益,查漏补缺,不断完善育人过程,提升育人实效。

三、打造5G时代思政工作共同体

在5G时代,思想政治工作主体日益多元,打造育人共同体要聚焦动员校内外力量,实质性参与思想政治工作全过程,建构思政工作话语体系,实现共言共传,搭建协同育人平台,实现线上线下共建共享。

(一)聚合校内外工作力量

5G时代万物互联,这就意味着高校思想政治工作不再有旁观者,思想政治工作也不再仅是思想政治课教师、宣传思想工作者单打独斗的工作,教师队伍、管理队伍、后勤队伍、家庭成员、社会大众都是思想政治工作的中坚力量,都需要齐头并进、参与其中。

一方面,要充分整合校内育人力量,实现全员联动。专任教师队伍切实承担教书育人主体责任。在教育内容上，发挥专业理论优势，以课堂教学为着力点，善于从青年学生的角度剖析解读国家经济社会发展的方针政策、理论热点。在教学手段上，依托智慧教室、大数据等载体，开展即时互动式教学，实现线上线下、课堂内外教学的实时交流，提高学生课堂抬头率和参与度。管理服务队伍积极构建一体化育人模式，搭建部处、后勤共同开展思想政治工作的综合平台，通过最及时、最先进的管理模式更好地履行育人使命。以 5G 时代开展主题教育为例，学工、研工贴近一线师生，要触角向下发挥动员优势，联合各院系通过大数据组织活动调研，数据化分析师生喜闻乐见的活动形式、载体；基于分析数据，团委发挥活动组织策划优势，有针对性地开展内容丰富、形式新颖、载体多元的教育活动，提高活动吸引力，提升师生参与度；宣传部作为"喉舌"部门，发挥融媒优势，聚焦活动内容实现一采多元，全方位、立体化提炼亮点特色，精准推送一系列导向鲜明、生动感人、学生喜爱的网络作品，扩大主题教育活动宣传覆盖面。

另一方面，要汇聚校外思想政治工作的力量，实现共同发力。一是充分发挥家庭教育优势，建立家校长效沟通机制。家庭教育是高校思政育人的重要环节，影响着高校学业、情感、诚信等思政工作实效。5G 时代，依托网络信息技术建立健全学生信息管理数据库，掌握学生真实有效的家庭信息，数据化分析不同家庭环境学生在校状态，生成可视化学生在校综合素质培养报告，定期反馈至学生家长，实现双向沟通，形成育人合力。二是营造良好社会环境，利用好社会教育大课堂。社会教育是学校和家庭的延伸和发展，要善于利用，有效引导。随着现代化社会发展，"学习社会化，社会学习化"正逐步成为现代社会和现代教育发展的重要趋势。在 5G 时代，教育不仅在时间上扩展到一个人的终生，而且在空间上扩展到全社会。整个社会也担负着教育的责任。因此，社会大众要主动营造良好的社会环境，使青年学生在社会大课堂中安心体验各种不同的社会角色，学习社会规范，扩大社会交往，养成现代素质，适应新时代社会发展的需要。

（二）建构思政育人话语体系

在 5G 时代，网络信息技术发展迅猛，青年学生处于无时不网、无事不网的网络环境。"网言网语"已日渐成为一种交流方式。然而，高校思想政治工作的话语表达居多的依然是政治话语、文件话语、权力话语，还未能很好地适应网络时代下的"网言网语"，话语表达感染力、亲和力不足，认同度不高。此外，5G 技术使网络传播的信息量更大、速度更快、覆盖面更广，为多样化社会思潮碰撞传播提供了空间，无形中给意识形态领域的较量增加了更多不确定性。

因此，要想做好 5G 时代的理论宣传教育，思政工作者一方面要坚持内容为王，善于转变话语表达。把宏大转化为具体，把遥远转化为贴近，把行政话语、专业话语转化为大众话语，把抽象理论转化为形象故事，采用视频、图片、动画等素材，以生动形象的"另类"方式解读教学重点难点，以大众化、通俗化、接地气的语言风格讲述晦涩理论，强化记忆点，加强理论宣传阐释，增强理论话语的吸引力和亲和力。改变本本式、说教式话语表达，将多样性网络话语与传统的育人话语相结合，将网络新形式等新鲜事物纳入思想政治工作话语体系，提升话语风格与学生兴趣的契合度，引起话语共鸣。另一方面，要坚持底线意识，坚守正确的政治导向。在 5G 时代，思想政治工作者要主动求变，善于占领网络思想政治工作阵地，努力提高话语的时效性，把握良好的话语导向，关注现实与虚拟、课堂内外、网上网下的诸多思想、思潮和文化样式，运用多种媒介技术手段，更加生动形象地展示表达内容，真正把思想精髓讲活、讲透。在大是大非问题上要旗帜鲜明，敢于亮剑，直面不良之风，直面错误思想观点，守好网络阵地。

(三) 搭建协同育人平台

目前,高校线上思想政治工作平台在运营上存在各自为营、阵地分散、缺乏统筹的问题。微信公众号、贴吧、论坛、视频号等媒体网站和社交平台的运营,在特色和内容吸引力方面往往不及网络上的一些微信公众号、微博大V账户,导致关注度不高,影响力不大,没有形成集群效应。同时,传播内容较为单一,大多聚焦工作,缺乏创新。在5G技术环境下,这种现象不仅会持续,还会对高校的舆论平台产生更大、更深、更广的影响。

因此,思想政治工作者一方面要加强线上育人平台统筹融合。整合各类网络教育资源和网络思想政治工作平台,逐步实现资源平台和管理平台的互通、衔接与开放。做好模块划分,根据平台类别划分育人领域,扩大育人覆盖面;根据受众划分育人内容,画大网络育人同心圆,提升网络育人的功能和效果。灵活发展和运用新技术,拓展主流思想舆论的传播渠道,提高校园主流媒体舆论传播力、引导力、影响力,唱响网上好声音、传播网络正能量。另一方面,要丰富实践育人形式。思想政治工作者要不断拓展育人场景。在课堂实践教学中,依托音视频技术,营造虚拟教学场景,开展现实中难以重复、器材损耗高、肉眼难以观察的实验。利用物联网、VR/AR等技术连接线下实践教育基地,开展校企合作、实践实习活动,进一步创新育人形式与方法,完善实践育人体系。例如,依托大规模机器智能+5G通信应用场景,在重大主题教育活动实践中,通过5G技术实现多地互联互动,使五湖四海的校友师生同上思政大课,共唱经典红歌,从而更好地激发师生爱党爱国爱校热情。

第二节 重塑 5G 时代的思想政治工作生态

在 5G 时代，大数据、云计算、AI、AR/VR 和区块链等技术在极大程度上颠覆和重构着全媒体生态系统，对人们的生活方式、学习方式、思维方式产生极大影响，也将推动高校教学理念与方式的创新变革。在此大背景下，思想政治工作育人生态正在被重塑，5G 技术突破时空局限、赋能育人格局、优化要素供给，育人的建设路径得以丰富拓展，铸魂育人的实效性得以提升。

一、5G 技术延展思想政治工作时空

5G 时代的信息传播"无处不在、无所不及"，比 4G 时代更快、更高效的更新与传输速度，让 5G 技术对教育的"延展时空"作用进一步显现。从时间维度来看，5G 技术的运用让思想政治工作进一步适应融媒体时代"碎片化"的特征，以更加简短鲜明、生动灵活的形式打破特定的时间界限；从空间的维度来看，课堂内外的界限也在逐渐消融，课堂内外、线上线下，思想政治工作拥有了更多"新主场"。

从时间层面看，5G 技术可以让思想政治工作"全天候"开展。5G 时代的千兆级宽带，让信息的采集、传输、处理和存储变得更加迅速而即时。因此，图片、音频、视频、H5 等形式的顺利传输都极大丰富了思想政治工作的"素材库"，加之 4K/8K、AR/VR、AI 等元素融入，思想政治工作将为学生带来全新沉浸式、现场感的体验，突破了枯燥单调的以文字为主的交流形

式。同等时间单位下思想政治工作素材的知识含量可以更高，承载的信息量更大，"短平快"教育模式逐渐被教育者所接纳。同时，新媒体飞速发展带来的"碎片化"的阅读习惯深深影响着人们，尤其在"网络原住民"的95后、00后的青年学生群体中更为根深蒂固。因此，"微课堂"的模式成为更加适合的选择，在思想政治工作范畴内同样适用。时长从数十秒至十几分钟的"微课"能够充分适应"碎片化"的时间，以短小精悍的体量灵活分配各类知识点。高校师生从一个事件、一个人物、一个时间点等小切口出发，讲述百年峥嵘岁月的闪光时刻，更加容易吸引学生进行线上传阅与学习，以更长的时间线串联起细小的知识点，从而达到思想政治工作的预期效果，回应重要时刻与重大主题。

同时，思想政治工作的进行不再固定于课内时间抑或是重大节点。5G技术强化了24小时、全天候的信息传播模式，让思想政治工作打破育人的时间界限。技术的进步一方面让教育教学内容即时性加强，最新最近的时事热点、政策法规能够在第一时间被纳入教学环节，摆脱了传统教育模式下单纯依靠教材、内容更新不及时的桎梏；另一方面，思想政治工作不断线的属性加强，网络成为更加重要的阵地，不论是课内课外、白天黑夜、平时节假日，思想政治工作内容都可以搭载无处不在的媒体进入高校学子的视野，平时不断积累蓄力、重要节点形成热潮的现象变得更为多见。纵观近年来建党百年、北京冬奥会等重要时刻，在5G技术的助力下，即便没有更多面对面、线下集聚的机会，学生也可以通过多种多样的模式"云端"相见，在技术的加持之下，激荡爱党爱国情怀，进一步明确青年的担当与使命。因此，新技术让思想政治工作的时间线"化整为零"，继而集聚合力，以更及时的更新、更高效的交流强化效果。

从空间层面来看，5G技术为思想政治工作的空间"零距离"创造了更多可能，教室、学校的空间局限早已被打破，网络这一阵地的加入将思想政治工作的空间无限拓展，但这也带来了更多严峻的考验。5G时代实现了万物互联，学校、家庭、企业、政府等一系列机构能够更加紧密形成即时沟通的机制，走出校园这一象牙塔，社会多方力量共同助力高校思想政治工作。一方面，教育地点不仅仅在于一方讲台和教室之中，5G时代下，更为沉浸式、实景化的教学环境借助手机、平板等学习载体，搭配AR设备，使学习空间无处不是、无所不在。从受疫情影响，线上授课被普遍采用以来，技术支撑的"云课堂"成为对思想政治工作适应线上、走向云端的有力佐证和实践，有网络信号的地方都可以成为思想政治工作大有可为的天地。另一方面，线下的互通互联受益于此，也变得更为顺畅，更多展览、实践基地等地方资源实现了数字化，远程教学突破了地域、距离以及疫情的限制，低延时的在线虚实交互突显着5G时代云计算优势。思想政治工作正在突破时空局限，"润物细无声"地适应着融媒体时代，找到受众所喜闻乐见的形式，最大限度整合既有资源，融入学生的日常生活，克服枯燥呆板的形式，成为伴随青年学子成长的必要环节。

二、5G技术赋能思想政治工作格局拓展

5G时代的到来，在一定程度上打破了原有的育人逻辑和传统形式。思想政治工作的育人效果不易被量化考核，在新技术背景下育人格局正在面临着重要的变化。而育人格局的拓展和改变，除了要取得良好的教学效果，更要借助5G技术发展的东风，进一步激发学生的家国情怀，引导他们树立正确的价值观，向着担当复兴大任的时代新人目标奋进。

一方面，5G时代让师生之间对话沟通有了更多的方式和维度。技术的发展让人们获取信息更加便捷，尤其是在网络环境中，每个人获取信息的机会更为均等；在此背景下，"翻转课堂"的模式应运而生，教师角色与功能发生了变化。教师在教学过程中"传道授业"的功能相对减弱，而"答疑解惑"的功能相应增强。思想政治工作不再是从教师到学生的单项灌输，互动性更强，交流反馈机制更为通畅。与此同时，由于思想政治工作兼具政治性与知识性的双重特征，教育者在其中"举旗定向"的作用尤为凸显。信息化时代，网络上各类信息相对复杂，鱼龙混杂的环境对青年学生的辨别能力提出了更高的要求。过去需要花费时间与精力讲授的教学大纲及教材内容，现在可在教师的指导下，通过学生自行查阅、观看各种形式的拓展资料来掌握。教师在其中发挥的作用应该在于教导学生如何科学认知纷繁复杂的知识信息、在各类社会思潮中辨明是非正误，确立正确的思想定位和价值，引导学生甄别出错误思想观点，排除不良信息已经或者可能带来的教学障碍，推进教育教学顺利进行。同时，高校亟待构建一体化育人模式，思想政治工作不仅仅是思想政治课教师、宣传思想工作者的工作，人事、后勤等管理部门需要一体化推进，在技术发展提供的便利之上搭建思想政治工作管理综合平台，通过最及时、最先进的管理模式更好地履行育人使命。从学生的视角来看，5G技术的发展为他们开拓出更广阔的表达与展示空间。思想政治工作改变了"填鸭式""满堂灌"的传输模式，开始以更丰富生动的表现形式出现在他们的课余生活中，短视频、图文推送、动漫作品、歌曲音频都可以是优质的学习素材；对于思想政治工作的考核，也更加接地气与人性化。如今，MV、快闪、打卡、盲盒、健步跑等元素成为许多高校学生可以选择的参与方式。学生从"要我学"到"我要学"的转变水到渠成，思政课程和课程思政相辅相成。教师有了新思路，学生有了积极性。5G技术的发展也让学生在与老师同学的交流中拥有了更通畅的反馈渠道，学习的自主性进一步提升，思想上的育人在他们的专业课、课余活动、娱乐休闲等环节中融合并存。

　　另一方面，5G 技术的发展助力了教育分众化、个性化趋势。大数据发挥着越来越重要的作用。教育教学活动不仅仅局限于教师如何教授，还要关注学生接受程度如何。在传统的育人模式中，上课、作业、考试的普适化做法被打破。在 5G 时代，网络的高速传输、VR/AR、4K/8K 超高清视频、人脸识别等技术能够快速准确地获取课堂信息，捕捉学生听讲、讨论时的面部表情、话语言说、肢体动作，通过人工智能后台实时分析他们的学习专注度和活跃度，从而对他们的课堂表现进行动态跟踪评价。[1] 全新的过程考核方式让课堂表现有了更为客观可感的评价体系与科学的考核结果。不仅如此，技术发展通畅了反馈渠道，助力线上课堂、新媒体平台中的互动，教师可以根据实时反馈，了解自身在课程设计、引导讲授、互动交流等各环节中存在的问题，进一步优化教学内容、完善课堂管理、调整后续进程。基于大数据的思想政治工作，可以针对不同青年学生群体的个体化需求，真正让"一生一案"落实落地，做到有的放矢、事半功倍，一定程度上使教师和学生之间的关系由"一对多"转向了"一对一"甚至"多对一"；精准推送线上线下学习资源，实现思想政治工作因材施教的"私人订制"。让育人格局从统一的、流程化的固有模式，向个性化、订制化过渡，全方位满足不同专业、不同年级甚至不同兴趣爱好、不同性格的个体，学生的认知度与获得感真正被重视，从而满足差异化的客观知识的需求，让学生成为思想政治工作的中心与主体。从这一维度来看，5G 技术的充分融入，有助于推动高校思想政治工作格局从结果导向转化为过程导向。

---

[1] 李永进. 论 5G 时代高校思想政治理论课的创新建设 [J]. 思想理论教育导刊，2020 (7)：101–105.

三、5G 技术优化思想政治工作要素供给

5G 技术的发展让信息更加丰富,呈现形式有了更多可能,这为思想政治工作构建了更为广阔的"素材库"。思想政治工作的要素突破了教材文字材料的限制,教学资源的丰富程度、地域差异不再是育人的限制因素。

教育资源得到极大丰富。家国大事、社会热点成为新鲜案例,被迅速纳入思想政治工作的各环节。案例的时效性与生动性都将大幅度提升,引导师生进行解读与思考。5G 技术的"低时延"特性支撑了虚拟现实等技术的方便应用,课程资源供给向着立体化的方向发展,以强互动性为特点的"虚拟现实"案例库成为可能。在 5G 技术环境下,"沉浸式""全息化"将成为新方向与关键词。一些高校在围绕爱国主义主题开展的思想政治工作中,已经尝试将 VR、全息投影等技术运用其中,让学生足不出户,通过 VR 技术就能获得"现场感"和"体验感",回顾峥嵘岁月,感知时代脉搏,展望未来发展。由此可见,5G 时代数据传输速度更快,在信息流、数据流呈几何式倍增的背景下,技术衍生出的大量数据将成为高校教师可利用的丰富资源。媒体平台实时获取信息素材、视频同步直播、文件传输的速度更快,助力师生之间、生生之间基于多媒体方式进行知识信息交流与学习感受交流,高校思想政治工作有效性的提升有了更多的可能。

教育资源的分配走向均衡化。技术的发展打破了不同地域、不同群体之间思想政治教育资源不均衡的情况。一方面,高等学府、优质资源可以通过技术手段被推广到更多平台,被更多人看到。例如,"5G+全息课堂"便可以通过 3D 形式将教育资源呈现在不同的地方,能有效实现教育资源的互通互用。一些高校尝试全息课堂,将精品课程免费推向全国各高校,打破了时

空的限制。① 这同时也是实现教育公平、教育振兴乡村的有力途径。要切实贯彻落实习近平总书记"推动思想政治工作传统优势同信息技术高度融合"②的重要指示精神，运用新技术因时而进、因势而新，满足学生多样化需求，探索有效提升思政工作质量和效果的新形式，增强学生对中国特色社会主义的道路自信、理论自信、制度自信、文化自信。

教育资源开始凝聚多方合力。5G技术打造了远程全息直播互动课堂、VR/AR教学、大数据教育教学效果评测等重要思想政治工作场景，打造出无空间差、无时间差的思想政治工作教学体验，家校合作、校企合作等教育模式逐步得到强化。高校思想政治工作若想顺利推进，社会、学校、家庭三方的力量相辅相成、缺一不可。一些高校以技术发展为基础，推动课程思政、专业思政和"三全育人"工作协同发展，探索新的应用型人才培养模式，推进产教融合协同育人和科技成果转化，真正实现"校企联合实现高校学生最后一公里高质量人才输出培养"③。5G时代的思想政治工作需要社会、高校、思想政治工作者共同努力，抓住政策对高校思想政治投入力度不断加大与倾斜的机遇，努力构建高质量思想政治工作素材库，优化整合资源，实现优质教学资源的共享与合作，达到共赢局面。

---

① 马东亮，普同庆.5G时代民族团结教育慕课教学改革路径探析［J］.民族教育研究，2021，32（4）：94-100.
② 习近平在全国高校思想政治工作会议上强调 把思想政治工作贯穿教育教学全过程 开创我国高等教育事业发展新局面［N］.人民日报，2016-12-09（1）.
③ 校企联合以课程思政促科技成果转化［EB/OL］.新华网，2019-12-20.

第三节 5G 时代增强思想政治工作效果

在 5G 时代的背景下，思想政治工作逐步引入了更多新技术，新时代思想政治工作更加智能化、立体化，思想政治工作思路也更加拓宽延展，开辟出思想政治工作新阵地新方法，吸引更多大学生通过网络媒体学习理论知识，更好引导大学生树立正确的世界观、人生观、价值观。

一、人工智能助力思想政治工作智能化

习近平总书记指出："中国高度重视人工智能对教育的深刻影响，积极推动人工智能和教育深度融合。"① 人工智能生态的逐渐介入，已深刻改变了传统思想政治工作的框架模式，并将这种变化不断引向深入。

一是改变思想政治工作中的师生关系。传统的教育关系是通过课堂、课后辅导等方式，实现教师教学、学生接受教育。随着 5G 的发展，"AI+"与新社会形态逐渐走向融合共生关系。在思政工作方面，同样出现了更趋于多元化的需求，需要共建智慧教育生态，高校思想政治工作中的师生关系将实现彻底的结构性改革。基于 5G 时代的网络平台，学生获取信息的来源不再局限于单一的书本和教师课堂传授。他们可以根据自己的兴趣爱好，轻松地通过上网浏览，随时随地搜索查询自身关注的内容，具有较强的即时性。同时，各类大数据、算法分析甚至可以为学生提供定制化资讯信息服务，学生

---

① 习近平向国际人工智能与教育大会致贺信[N]. 人民日报，2019-05-16（1）.

在信息获取的便捷程度、信息内容丰富性上都得到了极大提高。① 因此，思想政治工作中的主客体在教育和被教育关系中，将出现极大的变化。借助人工智能，高校思想政治工作可以更好达到分类施教、因材施教的目的，实现思想政治工作资源的分众化供给、智能化供应，增强师生间的良性互动，让思想政治工作成效更加显著。

二是优化思想政治工作路径。长期以来，教育路径主要是教师按照教学大纲、授课安排来开展教育，学生多处于被动接受教育的状态。同时，受技术和教师水平的影响，教师很难准确掌握受众学生的真实情况。通过先进的通信技术、大数据和人工智能技术建立面向社会的思想政治工作数据库，这一举措打破了传统教育理念的束缚。基于相关数据信息的收集、整理，教师可以实现对当代大学生思想认知和价值观的充分掌握，更好实现推动思想政治工作的路径创新和优化。例如，人工智能平台通过学习痕迹留存的大数据展开分析，能够清晰了解当代大学生关注的社会热点，深入洞察当代大学生的内心世界和情感需求，为思想政治工作的深入展开提供数据基础。高校思想政治工作者把握反映学生思想的各类数据，并对其进行数据抓取和分析后，就可以有针对性地制订思想政治工作方案，不断提升思想政治工作的实效性，从而实现优化思想政治工作的方法路径。

三是创新思想政治工作模式。高校思想政治工作的传统模式通常是依靠思想政治工作者自己的价值观念、思想方法、学识才能和经验教训等，在对以往经验进行总结归纳和对未来发展进行综合分析的基础上展开。从一定意义上讲，一些人在思想政治工作过程中难免存在一定的经验主义倾向。个人经验有一定的局限性和狭隘性，且思想政治工作者存在个体差异。在信息化

---

① 胡刚. 实现人工智能与高校思想政治教育融合发展的创新思考［J］. 重庆邮电大学学报（社会科学版），2021，33（4）：89-97.

时代，高校思想政治工作者的个人权威性整体呈现降低趋势。[①] 人工智能理念在互联网技术和大数据技术的支持下得以彰显。例如，以实现师生互动的手机 APP 为基础，把云平台、管理端、终端统一到手机 APP 上，就可为思想政治工作模式的创新提供技术支持，全方位、多维度开展思想政治工作，为传统思想政治工作持续赋能。

四是丰富思想政治工作方式。从广义上讲，思想政治工作方法就是思想政治工作者在教育和影响教育对象思想和行为时采取的方法手段和形式工具等要素的总和。随着网络的发展，这些要素都在不断发生着深远变化。人工智能的产生和发展，带来了更加多种多样，甚至具有无限可能的介质。其技术优势更好地推动了思想政治工作的工具、载体、手段的融合创新，在开放性、传输性等层面进一步增强，成为思想政治工作的新"事物"和新"动能"。人工智能在思想政治工作领域的运用已经崭露头角，比如，在智慧学习系统、虚拟场景模拟、智慧学工、思想动态追踪等方面取得了丰硕成果，以前所未有的技术优势改变着传统思政工作方式，为高校思政工作提供了多元化技术支持和多种媒介，这也与大学思政工作改革和教育数字化转型发展的潮流趋势相契合。

二、情景交互促进思想政治工作立体化

5G 技术延展出的情景交互、虚拟仿真等技术，能够更好推动思想政治工作全方位、多角度、立体化开展，赋能网络平台以增进师生间的有效交流，创新交流方式以增强学生学习主动性，构建社会实践新模式以提升育人实效等，凸显思政工作的时代感、亲和力和实效性。

[①] 吴家庆，曾贤杰. 实施国家大数据工程，维护意识形态安全 [J]. 湖南师范大学（社会科学学报），2016，45（4）：44-49.

(一) 5G赋能师生交流平台，助力精准思政

在网络信息时代，手机客户端、微信等成为大学生喜闻乐见的沟通交流平台，是大学生表达情感、抒发己见的重要渠道。这些反映学生思想动态的大量数据是新时代高校思想政治工作的重要参考和可靠依据。运用虚拟现实、人机交互等前沿信息技术手段，能够实现师生之间、人机之间的互动沟通。高校思想政治理论工作者应深刻认识到5G技术的巨大价值，充分利用新技术打造思想政治工作平台。高校要搭建技术平台，思想政治工作者要切实提升自身的信息技术水平，运用移动互联、智能推荐、智能终端分析等5G技术，实现与学生手机客户端应用软件及各种网络平台的无缝对接，及时挖掘和分析反映学生动态的各方面数据，从而更好地把握学生的思想和兴趣爱好，更好对学生进行思想政治工作，这对于提升高校思想政治工作的吸引力与关注度大有裨益。

(二) 5G创新师生交流的方式，提升学习兴趣

虚拟仿真等技术的融入，让越来越多的学生对思想政治工作的内容产生浓厚兴趣。情景交互和虚拟技术可以将学生接触到的知识直接通过感官呈现在他们面前，在视觉、触觉和听觉等多重感官刺激下，在场景再现的基础上让学生获得沉浸式学习体验，带来入脑入心的深刻影响。一方面，有意识地探索VR、AR等技术的转化应用，对思想政治工作活动的场景进行直观模拟，构建虚拟化的使用环境，将与思想政治工作相关的内容直接、客观地呈现在学生面前，营造沉浸式体验环境，使学生在学习相关知识内容的过程中获得沉浸式情境体验，更好产生对思想政治工作知识内容的个性化理解并培养兴趣爱好；另一方面，思想政治工作者学习和运用VR、AR等新技术，也能及时掌握新科技手段，适应时代变化，通过了解学生特性来做出技术调整和改变，以满足学生的多样化需求，提供更为智能化、更加有效的思政资源

供给。比如，将"四史"等教育内容全部转换为虚拟现实场景，带学生亲身感受历史的厚重、先烈的伟大，比单纯讲授更加有效、立体、震撼。再比如，在讲授抗美援朝的过程中，就可以借助 VR 技术模拟还原当时的情境、气候、地理条件等，在交互式的体验中让学生体悟志愿军爬山卧雪、浴血奋战的历程，从而更加深刻理解抗美援朝精神，提高思想政治工作的震撼力，产生直抵人心的效果。

（三）5G 构建实践教学新模式，深化育人效果

从社会实践角度来看，虚拟仿真技术可以实现对教育内容的拓展和延伸，使学生更准确、深刻地理解和认识教育内容。结合虚拟仿真技术，高校可以营造更好的虚拟实践育人情境，如校地共建"行走课堂"、校企共建"育人基地"，为思想政治工作创设更多有趣的虚拟学习情境。高校还可以通过探索虚拟仿真等技术应用，借助虚拟场景沉浸式、交互式的独特方式，激活学生个体的学习体验，强化思想政治工作的时代感和创新性。同时，运用虚拟现实场景的设计和大量互动技术的支持，可以使学生将理论和实践联系在一起，加深对知识的理论学习，帮助解答时代背景引发的理论困惑，促使学生在虚拟仿真等技术的支撑下，从多角度认真思考问题和分析问题，获得良好的学习体验。例如，高校可利用物联网、虚拟现实等技术连接实践教育基地，开展校企合作、实践实习活动，极大突破实践教学的时空限制与束缚，同时增加学生的实践兴趣和实践成效。高校还可以利用大数据、人工智能等技术对实践育人成效进行分析与评价，积累有效经验和发现不足，创新育人的形式与方法，不断提升育人实效。

三、数据应用推动思想政治工作精准化

5G 时代数据技术日趋成熟，针对大学生的数据收集、分析和应用，有利

于推动思政工作精准实施。通过实现思政工作决策精准化、供给精准化和评价精准化，提升思政工作模式、手段、内容的可行性、持续性和多样性。

（一）思想政治工作决策精准化

思想政治工作具有鲜明的导向性，顶层设计和决策导向直接决定了育人方向。在5G时代，将数据技术创新成果与思想政治工作相融合，能够更加有效促进决策科学化和精准化，有助于形成思想政治工作当代与传统、创新与传承、服务与管理相统一的精准化教育模式，为构建思想政治工作决策精准化体系提供坚实保障。与传统思想政治工作模式不同，思想政治工作决策精准化要求思想政治工作者在教育信息的采集和选择上，要从海量数据信息中提取出现代大学生感兴趣的教育内容，多角度、多层次进行分析、加工、整合，形成完整的教学数据库，更加直观地呈现给学生。通过对数据技术的有效应用，思想政治工作者能够更科学地把握学生思想动态，更深入全面地进行基本情况调研，进而更加准确、客观、有效地进行教育决策，更好构建决策精准化的思想政治工作体系。

（二）思想政治工作供给精准化

教育供给的精准化程度决定了思政工作的有效性。一方面，大数据有效分析模式下的教育内容，具有较强的客观性和真实性；另一方面，教育内容基于大数据的实时处理，能够做到及时更新，具有较强的实效性。依靠数据技术可以更准确地掌握大学生的整体情况和具体需求，为教育者因材施教、因人施教、因时施教提供基础条件，使得教育更具针对性，达到精准化的需求。在思想政治工作过程中，融合数据技术逐渐成为教育供给精准化的重要支撑。高效的教育工作要建立在对大学生的充分了解基础之上，根据学生群体的兴趣、特点、诉求和意见精心设计教育方式及内容，精准评估和预警各类行为，应用数据技术更有助于达到"知己知彼"的成效。5G时代，思想政治工作供给要抓住需求导向这一关键,紧跟时代发展的总体趋势,围绕大学生的成长环境及内在需求,不断增强教育吸引力、实效性。例如,可以借助数字技术对大学生目标群体进行数据采集并分析,通过数字技术采集大学生听讲、发言、思考、讨论等状态下的行为特征,研判把握思想政治工作的实效性,更加有针对性地完善教育改进模式。

(三)思想政治工作评价精准化

结果评价是思想政治工作体系的重要环节,在5G技术的支持下,评价体系将更加契合不同个体的特点,更加多角度、多维度和多元化地反馈教育效果。传统思想政治工作评价模式往往存在单一、片面等弊端,这种评价标准将学生限制在总结性和选拔性评价体系中,对学生的长远发展不利。例如,对学生的教育评价中,过于注重成绩和结果,实际体验和参与过程评价少。5G时代下,思想政治工作者要依靠数据技术,运用创新的互联网思维方式,运用数据技术完善评价体系。通过对大学生开展全面、综合且客观的评价,使"结果论"向更加注重"过程论"转变。运用数据技术开展大学生全方位信息有效采集,建立体系化的思想政治工作信息数据库,掌握大学生在实际教育过程中遇到的问题和思想动态,进而有针对性地进行教育评价。数据采集越丰富、更新越及时,思想政治工作成果的"画像"就越清晰,教育评价的精准度就越高。① 例如,在思政课教学中,课业成绩可以作为评价标准的一方面,更重要的是通过收集大学生课上课下、校内校外、业余爱好等多方面数据,更加客观、全面地分析思想政治工作的效果。

---

① 王亚非. 系统推进"精准思政"着力培育时代新人 [J]. 思想政治工作研究,2020 (7):12-14.

第八章

大思政课入脑入心

在5G时代，人工智能、大数据、云计算、区块链、新媒体技术等蓬勃发展并得到普及推广，成为这一时代的典型表征，对人们的工作、学习、生活、思维方式等产生了广泛而深刻的影响。《中华人民共和国国民经济和社会发展第十四个五年规划和2035年远景目标纲要》提出要"加快数字化发展　建设数字中国"①，并列举了10种数字化应用场景，"智慧教育"位列其中。2021年3月6日，习近平总书记在看望参加全国政协会议的医药卫生界教育界委员时指出："'大思政课'我们要善用之，一定要跟现实结合起来。"② 在建设数字中国时代背景下，善用"大思政课"要紧密结合5G时代的鲜明特征，准确把握5G时代条件下"大思政课"的丰富蕴涵、优势条件、可行路径等内容，不断推动构建"大思政课"的发展格局，切实促进思政育人实现高质量发展。

---

① 中华人民共和国国民经济和社会发展第十四个五年规划和2035年远景目标纲要[M]. 北京：人民出版社，2021：46.
② 杜尚泽. "'大思政课'我们要善用之"（微镜头·习近平总书记两会"下团组"、两会现场观察）[N]. 人民日报，2021-03-07（1）.

第一节　5G 时代驱动构建"大思政课"

"大思政课"理念的丰富内涵集中体现为"大"之意蕴,即思政课的阵地之大、视野之大、作为之大、格局之大等。5G 时代,互联网技术的快速发展及其显著特点,在理念、阵地、视野、作为等方面为构建大思政课提供了外驱动力,推动"大思政课"持续推进,不断取得突破。

一、5G 智能创新思政课育人理念

思政课作为立德树人的关键课程,担负着铸魂育人的重要使命,其面向的是当代青年学生。与此同时,肩负历史使命的当代青年"刚健自信、胸怀天下、担当有为"①。《中国大学生思想政治教育发展报告》连续 5 年对大学生思想政治教育发展状况追踪调查结果显示,5G 时代青年学生思想政治状况呈现出良好的发展态势,在价值取向、政治认同、志愿服务与社会公益活动等方面均表现积极向上。

5G 智能快速发展深刻影响当代青年学生的思维习惯。除此之外,5G 智能加速信息传播,改变人际交往模式,影响人的思维方式,并且受经济全球化、市场经济发展、科技加速变革与创新等因素影响,当代青年学生呈现出务实、开放、网络化生存的发展现状与新奇、独立、个性化的心理特征。受此现状和特征的影响,当代青年学生更喜欢快捷地学习和接受实用性的课程

---

① 新时代的中国青年 [N]. 中国青年报,2022-04-22 (1).

内容，而不是系统整合性的重在实现价值引领和思想引导性的课程内容体系；更喜欢满足个体需求、注重过程参与、体现双向即时互动的授课形式，而不是传统单向标准化输出的授课形式。

5G智能引领"大思政课"育人理念不断进行创新和变革。5G智能塑造当代青年的精神风貌，引领当前社会转型和教育变革的发展方向。科技创新与教育变革相互驱动，彼此赋能，而教育变革的核心要义在于实现教育理念的创新与突破。5G智能的快速发展使人们对教育的诉求，从过去标准化、供给驱动的规范教育向多元多样、个性化、需求驱动的终身教育转变，顺应时代发展、科技创新和教育变革的客观要求。在此背景下，以实现"政治认同、思想认同、理论认同、情感认同"为目标的"大思政课"，在育人理念上应由传统以教师为主导和主体，向教师和学生"双主体"转变。要注重激发学生在课堂教学活动中的互动参与，鼓励学生进行自主知识建构，从而形成5G智能时代既关注"物"，更关照"人"，既注重形式创新，更彰显理念引领，既发挥教师主体对学生的思想价值引导作用，更体现学生主体对思想政治基本理论的主动接受、内化和认同的思政课堂。

二、5G技术延伸思政课育人阵地

思政课是高校进行思想政治教育的主渠道、主阵地，是党和国家意识形态宣传教育的重要阵地，用好这一阵地事关"培养什么样的人、如何培养人以及为谁培养人这个根本问题"[①]，事关立德树人根本任务的落实。5G技术的快速发展，促使育人阵地从传统课堂教学向互联网平台延伸拓展。这一平台使意识形态传播的时空序列发生了改变，正在成为前沿舆论信息传播的集

---

① 习近平. 习近平谈治国理政：第二卷[M]. 北京：外文出版社，2017：376.

散地。同时，由于互联网空间的开放性、隐匿性、流变性、交互性等特点，意识形态领域的博弈将扩展到网络平台。依托网络空间和平台，形形色色的错误论调和思潮通过编造、曲解、抹黑、包装等手段，不断影响高校学生的思想观念，侵蚀高校学生的思想信仰，威胁国家意识形态安全。习近平总书记指出："互联网是当前宣传思想工作的主阵地。这个阵地我们不去占领，人家就会去占领。"① 互联网平台逐渐演变为意识形态领域竞争的重要阵地，网络意识形态安全成为关乎国家道路、旗帜和政治安全的重要内容。

5G技术既催生思政课课堂向网络空间延伸的客观要求，同时也为思政课阵地延伸创造了可供选择的便利条件。5G技术的低时延、高速率、大容量的显著特点，以及5G技术快速发展所催生的信息搜集、筛选、整合、计算能力和知识信息的数字化转型所生成的智能场景技术，为思政课育人阵地的延伸和拓展提供了有力的技术支持。5G技术突破时间、空间、场域限制的显著优势，促进思政课育人由线下教学向线上教学延伸拓展，从而实现线上与线下的有机统一。在5G技术支持下，增进人的现实体验与感受的人工智能和模拟场景的发展，促进思政课育人由真实世界向虚拟世界延伸，从而实现虚拟空间与现实空间的有机统一。除此之外，与空间延伸相适应，5G技术和思政课的融合发展，将使主客体之间基于网络空间和虚拟空间的交互性特点更加明显，教与学之间的双向互动更加畅通与便捷，从而使思政课在延伸育人阵地基础上持续提升育人实效。

三、5G传播拓宽思政课育人视野

思政课兼具知识性和价值性。知识性的实现，依赖于对知识信息的系统

---

① 习近平．习近平谈治国理政：第二卷［M］．北京：外文出版社，2017：325.

整合与有效输出，以体现知识体系自身的发展脉络与理论逻辑；价值性的实现，依赖于对多元价值相关的知识信息进行正确辨明与科学定位，从而在做出价值判断时，发挥知识信息对大学生群体的价值塑造和思想引领作用。5G时代的信息传播相较于传统的电视媒体、纸质媒体、社交媒体等，呈现出"低时延、高速率和大连接"的显著特点。在5G技术的驱使下，万物实现互联互通，信息出现快速膨胀。面对5G技术这一新生事物，当代大学生呈现出较高的关注度、较快的接受度、较强的应用度，因而其思想行为极易受网络传播过程中鱼龙混杂的信息影响。同时，由于5G技术对时效的过度强调而忽视传播内容的系统性和整合性，大学生群体依托网络传播所接收的信息呈现出碎片化的发展趋势，缺少基于知识本身对其历史逻辑、理论逻辑、实践逻辑的系统整合与呈现。此外，由于5G技术的快速发展，社会热点难点痛点问题在媒介的作用下更加便捷地呈现出来，当代大学生群体面对这些复杂情况、疑难问题缺乏独立进行科学辨别与分析的能力，因而出现较多的思想困惑。

5G技术的快速发展促使思政课在整合信息资源的同时要不断拓宽育人视野。针对社会热点难点痛点问题，思政课建设在利用5G技术所产生的优势资源的同时，要积极关照社会现实，在回应社会重大关切中推动理论创新，以理论创新引领社会矛盾的有效化解。针对多元文化价值观念和意识形态领域的前沿热点问题，思政课建设要借助5G技术的显著优势，在坚持社会主义核心价值观的同时，积极树立全球眼光和世界胸怀，在全球价值对比中明辨是非，坚守正确价值选择，牢固树立构建人类命运共同体的价值理念。针对信息知识碎片化输出与接收现象，思政课建设在充分利用5G技术资源快捷输出的显著特点的同时，拓宽历史视野，树立逻辑思维，系统整合思政课教学资源，构建信息资源的内在历史脉络和逻辑体系，以系统的理论框架和完整的理论逻辑彰显思政课的理论魅力。总之，思政课建设应基于社会热点问题、价值观念和意识形态领域问题、信息碎片化问题，立足社会现实、面向世界大局、实现信息整合三重维度，不断拓展思政课的育人视野。

四、5G 技术助力思政课育人作为

5G 技术的不断发展给思政课的育人作为带来挑战。在信息技术快速发展并向各领域广泛渗透的背景下，信息资源"井喷式"涌现，形成了丰富的思想政治教育资源，学生依托互联网媒介完全可以按照自己的爱好和需求自主进行信息搜集与知识学习。思政课教师若不能充分地学习和利用信息资源，及时推动育人理念、育人手段、育人方法等的更新转化，其话语体系和话语模式将不能实现与 5G 技术资源的有效衔接与合理转化，在教学活动中思政课教师的知识权威性、价值引导性地位将受到极大挑战。中共中央办公厅、国务院办公厅印发的《关于深化新时代学校思想政治理论课改革创新的若干意见》提出，要"大力推进思政课教学方法改革，提升思政课教师信息化能力素养，推动人工智能等现代信息技术在思政课教学中应用，建设一批国家级虚拟仿真思政课体验教学中心"①。此外，"技术异化"导致 5G 资源的异化，使之时时刻刻、无处不在地影响和冲击当代青年学生思想价值观念。这更要求思政课充分利用信息资源深化立德育人功能。

5G 技术带来的信息资源为深化思政课的育人作为创造了机遇环境。丰富的信息要求思政课教师在内容输出形式与方法、话语体系转化、平台搭建与资源共享方面有所作为。在内容输出形式与方法方面，依托 5G 技术支持，

---

① 关于深化新时代学校思想政治理论课改革创新的若干意见 [M]. 北京：人民出版社，2019：13-14.

抽象理论内容能够以符合学生认知规律、深受学生喜爱的形式呈现出来，在回应现实问题中阐释科学理论，在系统阐释理论的过程中促进学生实现理论内化和行动外化。在促进话语体系转化方面，立足学生的心理接受特点和个性需求，坚持需求导向、目标导向、问题导向、价值导向，将推动思政课教师话语体系向适应学生个性特点和全面发展的方向转化，切实增强其话语的影响力、感染力、亲和力、信服力。在平台搭建和资源共享方面，学校在各级各类教育管理部门、教学指导委员会的指导下，借助丰富多元的信息资源和平台的共建共享特点，使学校各职能部门、不同学科教师之间在各司其职、各管一段的基础上，实现教学资源和内容的有效衔接和内在协同。

第二节　5G时代赋能"大思政课"建设

5G时代将加速各行各业和社会生活各领域的数字化转型，全方位影响人们的生产、生活、思维方式，促进实现由人人互联向万物互联的发展转变。5G时代应运而生的各项技术集成将在教学内容、教学方法、教学过程、教学评价等方面，全过程、立体化赋能构建"大思政课"。

一、网络技术赋能"大思政课"资源共享

"大思政课"与网络信息技术的融合发展是大势所趋。2016年，习近平总书记在全国高校思想政治工作会议中强调，"要运用新媒体新技术使工作活起来，推动思想政治工作传统优势同信息技术高度融合，增强时代感和吸

引力",思想政治工作要做到"因事而化、因时而进、因势而新"。① 5G时代网络技术和数字技术快速发展,万物实现互通互联,信息资源实现超大速率传播、超大容量存储、超大规模整合,海量优质教学资源在不同时间、不同空间、不同主体之间实现及时传播与共享,教师和学生对教学资源的多样化需求在网络技术支持下快速得到满足。思政课发挥着政治引导和价值引导的重要功能,网络信息技术和思政课的融合发展将推动思政课教学资源的优化组合、互通共享,网络信息技术支持下的海量教学资源在思政课教学过程中的使用将切实增强思想政治理论的理论魅力与理论说服力。

网络信息技术赋能"大思政课"资源开发、整合和共享。思政课教学涉及多个学科知识和不同历史时期的思想文化资源,涉及世情、国情、党情和民情的发展变化,依托图、文、视、听、感等多种表达形式,形成规模庞大的教学资源体系。网络信息技术的发展将赋能思政课知识教学资源数字化发展,推动构建网络平台和教学资源数据库建设,促进思政课数字化教学资源的有效开发和利用。同时,网络信息技术赋能平面资源实现立体化发展,依靠信息技术,思政课教学资源实现了数字化表达,从而使思政课更具科技感,在交互数字媒体技术和视听媒体技术的作用机制下,承载历史记忆的教学资源突破时空因素的限制,以逼真生动立体的图片、影像等资源,生动再现重大社会历史事件,从而不断增进思政课的感染力和说服力。此外,网络信息技术赋能优势资源共建共享,信息技术支持下的"人—载体—人"的媒介交互路径助推资源的海量传输、实时同步转播,将广阔生动的现实社会资源经网络空间转化为思政课的教学资源,从而为实现优质思政课教学资源共建共享提供了条件支持和保障,不断推动思政课教学个性化、智能化发展。

---

① 习近平. 习近平谈治国理政:第二卷[M]. 北京:外文出版社,2017:378.

二、人工智能赋能"大思政课"互动参与

"大思政课"与人工智能的融合发展是教育现代化的发展要求。人工智能的显著优势在于其创新了教育形式并不断对教育进行革新。在全球教育变革由数量扩张向内涵式发展转变、不断实现教育高质量发展的背景下,实现从以知识为中心向以学生为中心、从学生被动学习向主动学习的转变成为新的重大时代课题。智能化、数字化时代人工智能通过"人—机—环境"的互动设计,创设了不同情境和场域下的交流对话模式,重塑了社会化、智能化、综合化的学习空间,促进学生的学习模式从"被动学习、权威认同"向"协同创新、交互认同"发展转型。人工智能向思政课的渗透融合是思政课改革创新和实现现代化转型的必然选择。依托人工智能技术的支持与赋能,构建大思政模式下的智慧教育体系将成为可能,思政课的系统性和协同性得以衔接、教育性和思想性得以融合,学生多元化、差异化、个性化的需求将得到满足,思政课的思想性、理论性、亲和力、针对性将不断得到增强。

人工智能赋能教学活动的互动参与,助推思政课实现高质量发展。人工智能"通过内置或外设视觉、听觉、触觉等多种传感器"①,用于构建和创设师生进行互动参与的情境空间。基于这一技术在思政课中的广泛使用,智能时代思想政治教育的"双主体模式"将为"教育者—被教育者—人工智能"三主体模式所取代;思政课的学习空间从物理空间延伸到虚拟空间,从校园场景延伸到社会场景,教师、学生、社会主体等多方力量之间的互动突破时间和空间的边界限定,变得更加高效、便捷、多元,并且基于这一空间的延伸,思想政治教育的多元主体将实现有效协同和高能耦合,主体交互的

---

① 刘佳.人工智能技术条件下高校思政课情景教学模式创新研究[J].思想理论教育导刊,2021(11):100-103.

容量压力和成本压力得以缓解。通过建立多元主体之间充分的知识传递、情感交流、思想沟通机制，主体之间由过去单向传递输出的思维方式转变为多元互动交流的思维方式，教师和学生主体的创造性、情感力、价值观等在无边界的学习场域中实现了充分的发挥和释放。因此，借助人工智能技术的发展和融合使用，思政课教学将实现知识传授、思想解惑和价值引领的有机统一。

三、大数据赋能"大思政课"精准分析

大数据融入思政课教学是提升"大思政课"教学实效的内在要求。大数据集信息搜集、整理、分析于一体，具有容量大、速度快、多样化、个体化等显著特点，是一种新的思维方法。将大数据应用于教育教学活动过程中，有助于形成对教学对象思想行为规律动态、系统、全面的分析和判断。思政课教学旨在实现对青年学生的思想引领和价值引导，青年学生是其面向的对象。要真正做到在青年学生中使思政课"入耳、入脑、入心"，需要在需求侧借助大数据技术形成对学生全面综合的评价。大数据既要做学生的"望远镜"，又要做学生的"显微镜"；既要分析简单的因果关系，又要分析复杂的相关关系；既要洞察常态的稳定数据，又要洞察动态的实时数据。在此基础上，全面动态地把握当代青年学生思想动态变化的过程与规律，才能在教师供给侧重点发力，有的放矢，直击学生思想的需求点和困惑点，切实提高思政课教学实效性。

大数据的合理使用赋能"大思政课"的精准分析。大数据的全数据模式，具有较强的数据处理、预测分析、科学评价的功能，对大数据的多维、精准、客观运用将服务于思政课教学过程的动态精准分析，促进教学主体更精准地把握教学客体，动态把控教学过程，及时调整教学方案，提升思政课

教学实效。大数据将赋能于多维把握思政课教学客体，大数据通过海量采集学生群体可以量化的思想行为指标数据并进行聚类分析，从定量分析和定性分析两方面精准把握学生群体的思想动机和行为发展趋势，形成对青年学生的"群体画像"和"个体画像"，为思政课教学的整体设计提供重要参考依据。大数据赋能于动态把握思政课教学客体，在关注和满足个性化需求的时代，大数据通过实时监测、动态记录，精准把握个体的思想需求和发展规律，从而精准把握不同个体差异化的需求，在此基础上形成基于个体差异化需求的教学方案设计。大数据赋能于客观把握和反馈思政课教学效果，相较于随机样本评价分析模式，大数据能够对教学情况进行系统、科学、全面的搜集、整理、分析，通过考察数据间的因果关系和相关关系，精准量化分析教学效果，从而形成对教师教学活动和教学方案的动态分析与科学评估，有助于不断优化和改进教学活动方案和设计。

四、智慧平台赋能"大思政课"协同育人

智慧平台融入"大思政课"建设顺应构建大思政格局的客观要求。信息网络技术的发展催生网络阵地成为前沿舆论阵地，与此相适应，基于互联网技术发展产生的智慧平台的媒介传输功能日益凸显，但"平台的社会功能不再是范·戴克所谓的基于区隔的'选择'，而是基于中心化的'聚合'，与主流媒体一样扮演核心价值观培育和社会整合的角色"①，智慧平台的聚合作用在教学过程中的运用将促进凝聚多方力量，拓展育人格局，形成协同合力，切实提升育人实效。思想政治教育是一项复杂系统的工作，需要全社会多方力量协同配合，实现"全员育人、全程育人、全方位育人"。在现有的思政

---

① 易前良.平台研究：数字媒介研究新领域——基于传播学与STS对话的学术考察[J].新闻与传播研究，2021，28（12）：58-75，127.

课育人格局中，受制于传统育人职责划分、观念认识等因素，"大思政课"育人格局在学科之间、不同职能部门之间、专兼职教师之间、理论与实践、虚拟与现实、课堂与社会的协同发展方面仍存在着短板。因此，借助于智慧平台的媒介作用，着力推动构建"大思政课"的育人格局成为未来思政课建设的重要着力点。

智慧平台的桥梁纽带作用赋能"大思政课"育人格局构建。智慧平台作为联结师生交流沟通的重要枢纽，旨在提供专业、全面、广泛的理论资源，将赋能思政课全员全程全方位育人目标的实现。立足思政课以理论涵养人的目标要求，智慧平台汇聚包括思政课"大先生"、社科名家、知名学者等理论名家，以深刻的思想性、学理性说服学生、感染学生，从而实现思想引领和价值引领。立足思政课外化践行的目标要求，智慧平台汇聚包括地方党政干部和企事业单位管理专家等经验丰富的专家学者，以解决理论向实践转化、课堂和社会有效连接的问题为导向，促进学生学思践悟、学以致用。立足思政课立德树人的目标要求，智慧平台汇聚包括学校领导、院系负责人、职能部门负责人、专业课教师、思政课教师、辅导员等在内的思想政治教育工作教师队伍，依托智慧平台在校内形成思政课程与课程思政的校内联动机制，发挥思政课和专业课同向同行的育人作用。此外，智慧平台助力搭建思政课教师—专业课教师—学工部门之间的联系沟通机制，将形成基于学生成长发展规律和心理变化特点的育人合力，切实满足学生需求，帮助学生实现全面发展。

第三节 5G 时代"大思政课"的育人路径

随着 5G 时代网络基础设施的完善发展，新一轮科技革命和产业革命的步伐加快，元宇宙、云计算、大数据、人工智能等新兴技术与社会各领域的融合发展，将助推各行各业的转型发展，与思政课建设的融合发展将助力"大思政课"构建，提升思政课改革创新的育人实效。

一、5G+大视频，共享优质思政课教学资源

5G+超高清视频满足学生对思政课教学资源的多样需求。5G 时代，大学生群体对理论知识的需求在形式和内容上都有了更高的要求，既要求理论内容本身富有说服力，又要求理论内容的呈现形式新颖多样、生动形象。5G 技术的快速发展催生了以大带宽和低时延为特点的大视频业务，视频的分辨率由高清发展到 4K、8K 超高清，视场角由单一平面视角发展到 VR 自由视角，并且在 5G 技术的助力下，大视频的交互性得到了更好的发挥。4K、8K 超清视频和 VR 全景视频实现了传输对象的超高清、三维立体、鲜活灵动、场景逼真。5G+4K、8K 超高清视频和 VR 全景视频技术应用于思政课堂，将使思政课教学资源由抽象向生动具体转化、由平面铺陈向立体呈现转化、由单向输出向双向互动反馈转化，从而使思政课课堂教学兼具思想性和艺术性，兼顾透彻说理与生动呈现、外在灌输与内化领悟，通过多维输出与互动参与不断满足学生个性化、多样化需求，进而增强思政课教学的感染力和说服力。

5G+大视频实现优质思政课教学资源的共建共享。近年来，思政课教学改革在 5G 技术的助力下加速推进，涌现出一批优质教学资源，但随着思政课教学改革的持续推进，各地各高校思政课教学改革形式雷同、内容重复，优质精品教学资源匮乏并且未能实现广覆盖式共享，区域之间在享有优质教育资源方面存在着不平衡性。5G 的大带宽、低时延特性和 4K、8K 超高清视频、VR 全景视频的同步高清直播，将很好地化解思政课优质教学资源供给短缺与不均衡的问题，推动优质教育资源的共享。远程教学在 5G 超低时延传输和海量数据处理的技术支持下，通过 4K、8K 超高清视频和 360 度全景视频，将讲课全程的屏幕显示内容和真人真像以高清、3D 画质传输给远程另一端的师生，并能进行实时互动，及时反馈和探讨教学问题。这些媒介技术突破地域和教室容量对人数的限制，以实时高清传递的形式实现共享一门优质课的目的，不同地域、不同高校的学生共处一个网络平台、共同修读一门课、共同享有一种优质资源、共同研讨一个问题，从而扩大了优质思政课教学资源的辐射范围，实现最优效益输出。

二、5G+模拟场景，增强思政课沉浸式体验

5G+模拟场景有助于当代青年学生在情境体验中感知思政课的理论魅力。思政课兼具政治性、思想性和理论性，思想政治教育旨在通过内容输出，实现对学生的政治引领和价值引领。然而，思政课教学内容相比专业课内容来说较为宏大抽象，难以具体呈现和量化。依托 5G 技术的低时延、高速率计算和存储海量数据的能力所产生的 VR/AR、元宇宙等技术创新应用于思政课教学过程，将有效化解这一问题。在 VR/AR、元宇宙等技术支持下，基于"人—机—环境—人"的信息传递模式，不断以数字语言打造出"具身"空间。在"具身"空间中，知识化的信息被转化为数字化、视听触觉一体化的

虚拟世界。通过关联设定，思政课抽象的理论教学内容和资源通过自主创设的多维、可视化、生动逼真的虚拟场景呈现出来。学生通过佩戴轻便一体化的感官体验设备，既可以通过现实世界的数字复制品增强体验感知、增进理论认知，也可以在虚拟世界的自由创造物中，通过用户个性化的程序设定，操纵虚拟分身，以真实情境的"在场感"亲身体验、自觉感知抽象理论的内在魅力，从而在深化理论认知的基础上，增强对"中国共产党和中国特色社会主义制度的政治认同、思想认同、理论认同、情感认同"①。

5G+模拟场景助力当代青年学生在情境体验中切实做到学思践悟。习近平总书记多次强调思政课建设要做到理论和实践相结合。他指出："马克思主义是在实践中形成并不断发展的，要高度重视思政课的实践性，把思政小课堂同社会大课堂结合起来，在理论和实践的结合中，教育引导学生把人生抱负落实到脚踏实地的实际行动中来，把学习奋斗的具体目标同民族复兴的伟大目标结合起来，立鸿鹄志，做奋斗者。"② VR/AR、元宇宙等技术在思政课程中的应用，将创设和还原历史和现实中富有文化价值意义的三维场景或场馆，如博物馆、展览馆、史前时代、深海、太空等。通过作用于主体知、情、意等心理要素，形成课堂与社会、理论与实践在虚拟场景中的连接。在模拟场景强交互性特点的支持下，个体思想行为在"身临其境"的情境体验中得到锤炼和升华。学生通过虚拟场景，可以形成对中国与世界、历史与现实、现实与理想的真实体验和对照分析，从中不断自主探究、辨别是非、破解理论对接现实过程中的疑难问题，从而将被动的知识学习过程转变为主动的知识建构过程，在建构中形成适应学生主体特点和学习习惯的思维

---

① 中国人民政治协商会议全国委员会办公厅. 中国人民政治协商会议第十三届全国委员会第三次会议文件[M]. 北京：人民出版社，2020：54.
② 习近平. 思政课是落实立德树人根本任务的关键课程[J]. 求是，2020（17）.

逻辑和理论体系。

三、5G+智慧课堂，形成思政课育人的"同心圆"

5G+智慧课堂助力打造思政课育人主体的"同心圆"。5G时代，互联网技术和平台的发展广泛影响着人们的生产、生活和思维方式。思政课的育人阵地由传统课堂延伸到网络平台，同时网络亚文化伴随着网络生活的日趋丰富而蓬勃发展，正在侵蚀和动摇主流意识形态的地位。虚拟空间、线上教学成为思政课育人新的场域。与这一场域相适应，思政课教学衍生出多重育人课堂、多方育人主体。在5G+智慧课堂的技术支持下，传统课堂资源、校园文化资源、社会实践资源、网络平台资源这四维教学阵地突破时间和空间场域限制，实现多元信息载体相互联通、多种学科信息相互交流、多维立体资源相互共享、多方主体协同参与，进而构建起"大思政课"协同育人的发展格局。在这一格局中，育人主体发挥主导核心的作用。5G+智慧课堂为多元育人主体在整体统筹、协作分工、过程管理、结果反馈等方面提供了有力的技术支持，改变了过去思想政治教育工作中"多张皮""相互推诿""单打独斗"的育人格局，切实推动实现全员全程全方位育人。

5G+智慧课堂形成思政课育人方法的"同心圆"。5G智能技术发展催生智慧课堂，智慧课堂的人机共育模式实现了"从人际合作的经验组织到人机协作的数据驱动的转变"①。在这一模式下，教学手段和教学方法不断得到丰富和拓展，既兼顾系统化、理论化的教学要求，又兼顾青年学生多元化、个性化的心理需求。5G+智慧课堂的教学模式在传统的专题理论教学的基础上，利用媒介技术支持下的智慧课堂有效开展问题研讨、成果展示、专题辩论等

---

① 冯刚，陈倩. 解构与重构：元宇宙对网络思想政治教育的挑战及其应对 [J]. 探索，2022（3）：165-175，2.

活动形式，既充分借助于媒介手段实现活跃课堂氛围的目的，同时又充分发挥学生的能动性，让学生自主参与课堂互动、积极进行理论思考与建构，从而切实提高思政课课堂教学的参与度，增强其说服力。同时，在强大便捷的信息技术支持下，思政课各种教学方法和手段的综合运用将实现教学活动各环节的内在耦合，使教学活动的内容与形式、过程与结果、参与与反馈实现有机整合，既体现了以学生为中心的基本理念，又实现了对学生的理论引导和价值引领，从而使课堂教学整体效果形散而神聚。

四、5G+大数据，实现思政课精准供给与评价

5G+大数据基于精准评价与反馈实现思政课教学内容的个性化定制。5G时代，大数据通过数据采集、信息分析、轨迹跟踪、智能算法等程序，对海量数据信息按照用户需求智能、快捷、准确地进行计算和推演，全方位掌握当代大学生整体的思想状况和心理发展特点。在大数据的技术支持下，既可以通过数据的直接因果关系把握影响大学生思想行为的重点内容，还可以通过计算和处理数据的相关关系广泛收集反映个体个性特征的心理变化和思想行为的数据，比如，遵守纪律、诚实守信等问题，通过对相关内容的整合分析，实现对个体思想行为特点的精准把握。以此为依据，精准定制能够对独特个体思想行为产生影响的个性化教学目标与内容，形成5G+大数据支持下，思政课教学目标和内容在宏观整体目标和内容基础上更加丰富多元、立体多维、独特新颖的局面。基于课程的整体设计着力化解不同学生个体思想行为中的难点、痛点、疑惑点，不断满足其新增需求点，推动思政课教学设计和供给更具针对性、引导性和价值性。

5G+大数据基于双向评价与反馈实现教学内容的动态化调整。在大数据技术支持下，思政课教学评价可以通过设置固定的评价指标体系，获取相对稳态的数据，对稳态数据进行整理和分析，能够为思政课教学的顶层设计和系统规划提供科学的数据支持。但学生思想行为是动态变化的，传统的教学评价具有单向反馈和单向评价的特点，稳态数据并不能反映思政课教学实施的全过程和教学效果的全貌。基于在线动态监测的大数据能够形成对思政课教学过程的动态双向反馈，相对准确地呈现和反映思政课教学过程中学生思想状态的发展变化和规律。同时，通过设置临界点及时预警学生的学习状态和思想变化，并进行教学方案的调整，避免学生陷入思想误区。此外，基于对教学过程的实时动态监测和及时反馈的相关结果和建议，在教学实施过程中及时实现思政课教学方案和教学内容的动态调整与优化，从而切实增进思政课教学实效，提升思政课教学质量水平。

第九章

新闻传播与时俱进

5G 时代,新的技术革新引发了新闻传播渠道、传播方式、传播主体以及媒体行业的变革。人工智能、区块链、云计算、大数据、边缘计算以及元宇宙等 5G 时代的新技术为新闻传播强力赋能,借助沉浸式新闻、数据评价新闻、个性化阅读推荐、智能写作、虚拟现实等新的传播方式,新闻传播插上了 5G 的翅膀,在智能的天空中尽情翱翔。

第一节 5G 时代驱动新闻传播变革

5G 时代的新技术驱动着新闻传播的新变革,传播渠道、传播方式、传播主体以及媒体行业都发生了巨大的变化。新闻传播工作要应时而变、顺势而为,积极拥抱人工智能,借助先进技术提高报道效率、提升内容质量,彰显新闻传播的科技魅力,推动校园媒体的创新融合。

一、5G 技术引发传播渠道变革

在举世瞩目的 2022 北京冬奥会上，传媒领域众多基于 5G 技术的全新应用，成为一道道靓丽的风景线。5G 信号覆盖了所有场馆和连接场馆的道路。5G+8K 技术已应用于各个比赛场馆，两者结合可呈现极致的冬奥视觉盛宴。观众只需下载相关 APP，便可实时捕捉运动健儿的精彩瞬间。在赛场之外，众多 5G 新应用竞相登台。时速超过 350 公里的冬奥高铁上，全球首个 5G 超高清演播室上线。中国电影博物馆与北京广播电视台及北京移动、台达电子等合作，开创性地实现了 5G/8K 冬奥开幕式直播。

当前，在传媒领域，5G 是最火的热词之一，它的发展到底会对传播渠道带来怎样的影响？可以先从媒介传播历史中寻找脉络：

从报刊、广播到电视，纵观传媒业的发展历程，每一种媒介的流行，都有赖于相应底层技术的支撑。作为最重要的媒介底层技术，自 20 世纪 80 年代以来，移动通信技术从 1G 到 4G 不断迭代更新，信息传播介质随之升级，不同时期的传媒生态各具特色。正是移动通信技术的发展，带来了移动互联的时代。5G 是移动互联时代的关键支撑技术，全面支撑网络传播速度的提升。

2019 年，随着 5G 牌照的发放，中国正式进入 5G 商用元年。5G 拥有全新的网络架构，具备大带宽、高速率、低时延、多连接、广覆盖等诸多优势，促使网络性能大大提升，其独特的"网络切片"技术还能实现按需配置，即根据不同应用场景的网络需求来组建网络，让网络定制化不再遥远。

国际电信联盟将 5G 的三大应用场景概括为增强型移动宽带、海量机器类通信、高可靠和低时延通信，在此基础上还可发展出众多垂直应用场景，包括 VR/AR、智能交通、远程医疗、智慧电力、智能工厂等。它与人工智能、大数据、云计算等众多新技术结合，还将产生众多颠覆性场景。

而聚焦于传媒领域，强大的 5G 催生了"万物互联、万物皆媒"的崭新图景。在过去相当长一段时间，报纸、广播、电视等传统媒体被视为主要的传播渠道。在 5G 时代，在算法助力之下，大数据、移动设备、社交媒体、传感器构建起很多虚实交融的全新传播场景。

二、5G 智能引领媒体行业变革

技术更新是传媒变革的强大动力源泉，是催生传媒升级的重要驱动力。5G 时代产生了很多新兴应用、新兴形态、新兴平台、新兴模式，必将极大推动媒介生态变革。

我国出台了相关文件，从政策上明确 5G 对于传媒业改革的引领作用。2020 年 9 月，中共中央办公厅、国务院办公厅印发的《关于加快推进媒体深度融合发展的意见》规定，要以先进技术引领驱动融合发展，用好 5G、大数据、云计算、物联网、区块链、人工智能等信息技术革命成果，加强新技术在新闻传播领域的前瞻性研究和应用，推动关键核心技术自主创新。

2020 年，工业和信息化部印发《关于推动 5G 加快发展的通知》。在"丰富 5G 技术应用场景"章节中，该通知要求："推广 5G+VR/AR、赛事直播、游戏娱乐、虚拟购物等应用，促进新型信息消费。鼓励基础电信企业、广电传媒企业和内容提供商等加强协作，丰富教育、传媒、娱乐等领域的 4K/8K、VR/AR 等新型多媒体内容源。"

在媒体行业变革，三种突出的趋势值得关注：

一是"万物互联"推动"万物皆媒"成为现实。在 5G 技术的助力之下，物联网、车联网、VR/AR、人工智能、区块链、超高清视频等技术将在传媒领域大放异彩。5G 将促使人和物、物和物之间互相联通，形成万物互联的世界。在万物互联的世界,所有的设备将可以承载视频流的播放,给人们提供一个全触角的感官刺激,这正是物联网世界里传媒的魅力所在。

在此背景之下,传媒空间大大拓展,信息传播将由以人为主导的"小传播"发展至更大范围的人与万物的"大传播"。其中,人与机器、机器与机器、人与物、物与物之间的传播等新的传播形态将受到更多关注。

二是新技术催生立体沉浸式传播。在4G时代,风头强劲的视频掀起热潮。在5G技术的支持下,视频的制作、获取、播放将更加便捷,其传播范围也会越来越广,将渗透至新闻、娱乐、生活、购物等方方面面,视频将"大行其道",成为主流传播媒介。

此外,5G还将开启超高清视频新"视界"。基于5G技术,4K/8K超高清视频将拥有广阔的前景。

在5G大带宽、低时延等技术特性的赋能之下,VR/AR相关应用更加流畅、清晰,将为受众带来更加直观、立体的沉浸式体验。

三是传媒业进入智能化生产时代。在5G网络之中,大数据、云计算、人工智能将在传媒行业广泛应用,加速驱动媒体的智能化进程。以新闻生产为例,过去主要由一些采编人员进行,其中难免有很多重复的体力劳动。今后,新闻采集、生产、编辑、传播、反馈等环节中均可引入人工智能技术,将大大提高新闻业生产效率。比如,当前不少媒体就已推出机器人写作、智能主播、语音播报等智能化服务,未来可能出现更为高级的虚拟主播,与现实世界的主播在外观形象和声音上高度相似。

此外,大数据引入传媒业之后,在生产环节,有望借助数据精准优化采编流程;在传播环节,可基于用户数据,分析传播效果、传播特点,进而开展精细化、定制化新闻推荐。

有了5G与物联网的支撑,信息采集方式也变得更加多样化,传感器新闻、无人机新闻等也将成为新现象。

三、5G 资源驱动传播方式变革

在 5G 时代，云计算和大数据技术能够实现对海量数据的计算和分析，通过大数据可以掌握传播受众的各种数据，然后运用人工智能算法对这些数据进行分析和学习，能够快速地给受众"画像"，明白受众的需求和偏好，进而开展针对性的传播活动，比如，基于受众兴趣的新闻推荐阅读。当然，对于各类信息和活动的传播效果，也可以依托大数据来进行分析，以结果为导向，改善各项工作。区块链技术也能够较好地保留受众痕迹，实现溯源和记录，便于知晓和分析最真实的网民心理。

因此，对 5G 资源的利用，不仅将驱动新闻传播方式的革命性变革，还将加速信息传播模式的交互性变化。

（一）内容分发模式驱动传播方式革命性转变

人工智能算法可以对新闻内容进行智能化分发，改变了传统受众需要自己搜索或被动呈现的方式。新闻推荐系统近年来成为新闻客户端精准化推荐和分发新闻的标配，这主要利益于人工智能推荐算法与自然语言处理技术在新闻文本内容与视频图像内容分析方面的广泛应用。随着用户数量的增加，推荐算法可以将阅读兴趣相似的用户进行聚类，形成面向特定群体的精准推送；推荐算法还可以根据用户访问历史记录的数据，形成个性化的推荐。智能化推荐是当前内容分发的重要手段，通过跟踪记录受众的浏览行为以及浏览内容，形成用户画像，给不同浏览爱好的受众"贴标签"。与此同时，推荐算法也将各种新闻内容进行分类，把不同类型的新闻推送给不同兴趣的受众。

推荐算法已经成为互联网媒体不可缺少的技术手段，人们称之为机器分发。它的范围覆盖用户的生活、兴趣以及相关长尾新闻报道之外的资讯，与传统的人工分发相比，信息的利用率更高。此外，机器每一次的分发模型也会不断调整，被记录的分发行为也会用来指导下一次的新闻分发，做到更加精准、智能化。利用人工智能技术进行新闻分发也实现了传播渠道的自动化、智能化。

（二）交互式传播模式改变受众的认知与体验

5G 技术在新闻传播领域的应用极大提高了新闻传播速度，有效缓解了新闻传播延时性严重的问题，使新闻传播的传统模式发生改变，由线性传播转变为"超时空对接"。新闻传播过程中产销双方之间的阻隔被打通，产销双方可以获得即时性的交互体验，可以有效解决供需矛盾的问题。交互式传播模式让新闻产销双方可以更加精准地掌握彼此的需求，最大限度地避免了新闻产销不对称现象的出现。

在机器化的新闻生产流程中，信息采集、生产、分发以及呈现之间的界限在不断模糊，原来的认知传播顺序、视角及方向被打破，新的认知传播模式逐渐被构建起来。这具体表现在机器新闻生产使认知和新闻生产的顺序倒置；传感器的出现拓宽了新闻生产者和受众的视角维度；另外，在自然语言的处理上，算法主导了认知。

人工智能技术还影响着新闻传播领域，为受众打造"场景化"的新闻体验。具体表现在新闻生产过程中运用 VR、AR 技术对新闻信息的全方位采录，并分发至具有相应功能的客户端，实现现实与虚拟的融合，使受众置身于新闻场景之中，获得对新闻报道全方位的认知，赋予受众"第一人称"的体验感，从"局外人"变身事件"参与者"，使其产生共情。新闻传播如果能够采用云计算、大数据和区块链技术，也将带来革命性的变革。受众的个性化浏览兴趣将会得到极大的满足。同时，交互式传播模式也将使新闻传播的个人体验和传播效果实现质的飞跃。此外，机器分发还可以给受众提供不同场景下最优信息的适配。对广大受众而言，这些都是全新的体验。

四、5G 普及带动传播主体变革

据统计，未来全球移动通信网络链接的设备总量将达到千亿规模。早在 2020 年，全球移动终端（不含物联网设备）数量已超过 100 亿台，其中中国超过 20 亿台。无论是在偏远地区、高速移动等恶劣环境下，还是在人员密集、流量需求大的区域，人们都能运用移动设备进行交流与沟通。

2019 年，工业和信息化部正式发放 5G 商用牌照。在适度超前原则下，我国 5G 建设加速前行，已进入规模化应用发展的关键时期。5G 愿景是让用户进入全新的自由世界，预示着媒体融合的未来。5G 最大的特征是传输速度快，其理论传输速度最高可达每秒数十 GB，这比 4G 网络的传输速度快了上百倍。5G 网络可以让用户在任何终端收看高保真节目和直播，也不用担心资费过高。随着终端设备性能和网络速度的提升，自媒体内容制作将更加简单，传播更为快捷，互动性更强，互动形式将更加多元化。

5G 带来的是媒体融合更加彻底，媒体边界更加模糊。高校的电视台、广播台、报纸、网站、新媒体等，也都将在新的技术形态下进行融合生产和互动传播。信息流通的渠道限制将被打破，所有的信息都能以最佳的表现形式来呈现，媒体可以自由选择信息表达方式，用户能在任何终端上以最佳体验感获取信息。

5G 的普及引发了传播主体的变革。高校师生由传统的信息接收者转变为具有传播者和接收者双重身份的角色，而且这两种身份可以随时互换，而传播方式也由单向传播转变为互动传播。同时，新闻传播的主体不再完全依靠于人，传播的主体更多样化。除人之外，以 5G 技术为引领的各种新兴平台也逐渐成为新闻传播的重要载体。5G技术凭借强大的带宽，极大地扩大了信息的存储空间，为新闻传播奠定了重要基础。AI技术、物联网技术的应用已然为新闻传播提供了发展机遇，再加上5G技术的融合发展，各种新兴平台也都能传播新闻信息，这使得新闻信息量不断增加，新闻内容也变得更加丰富。由此可见，5G技术的应用丰富了新闻传播的主体，更大的带宽极大地增加了新闻信息容量，拓宽了新闻传播渠道。

同时，新时期的新闻传播逐渐进入全媒体阶段。在移动网络技术的支持下，高校师生作为传统意义上的新闻受众，拥有了更多自发完成新闻报道记录与传递的机会。个人社交平台、短视频等多样化的信息传输模式，为高校师生提供了更丰富的传播渠道。随着5G技术的推广与普及，移动通信技术进入更发达的阶段，个人使用的手机、iPad等移动通信工具能够快速、高效地完成新闻信息的传递，这也为自媒体的再一次突破性发展提供了技术层面的支持。师生自媒体作为高校全媒体平台的基础，在5G时代拥有更加强大的支撑力量，有力推动高校全媒体平台建设进程的进一步深化。

第二节　5G时代赋能高校新闻传播

5G技术对传播的内容、形式、方法、手段、业态都产生了重大影响，为高校新闻传播创造了人机协同、跨界融合、共创分享的智能传播新范式。人工智能、区块链、云计算、大数据、元宇宙等新型技术成为高校新闻传播创新发展强劲的助推力。

一、人工智能赋能新闻传播创新融合

习近平总书记指出:"要探索将人工智能运用在新闻采集、生产、分发、接收、反馈中,全面提高舆论引导能力。"①

人工智能在新闻领域的运用有许多优点,新闻传播学者将其总结为"在内容生产方面海量高效且保持全天候的工作模式,在突发新闻面前反应迅速且出稿快,可以根据不同用户的画像为受众'私人订制'新闻,传感器拓宽了信息采集的维度"四点特征。

随着大数据、算法推荐、自然语言处理、语音语义识别等技术的不断成熟,与人工智能相关的科技成果已经为百姓所熟知——智能交互机器人亮相,"人工智能主播"成为各大媒体融合创新的典型案例。在新闻媒体的实际工作中,人工智能对新闻传播的影响已经涉及采访、写作、编辑、评论、分发、反馈等各个环节,成为驱动新闻媒体创新融合向纵深发展的重要因素。

人工智能赋能高校新闻传播的创新融合主要表现在以下三方面。

(一)机器人写作:提高高校新闻生产能力和效率

在算法日趋精准的时代背景下,高校可以将一些简单的新闻信息制作交给"人工智能"。高校的新闻写作内容主要涉及教育教学、人才培养、科学研究、服务社会等内容,写作模式相对固定,同时时间节点性比较强,如每年的高招季、迎新季、毕业季以及七一表彰、教师节表彰和年终总结大会等。这些新闻如果采用机器人写作,不仅可以为受众提供简明、清晰且"丰富"的媒介内容,而且可将高校新闻工作者从较简单的劳作中解放出来。

---

① 习近平在中共中央政治局第十二次集体学习时强调 推动融合媒体向纵深发展 巩固全党全国人民共同思想基础 [N]. 人民日报, 2019-01-26 (1).

随着自然语言处理技术的进步，还可以自动生成新闻标题和新闻摘要。新闻标题生成技术可以基于内容生成更好的标题；自动文本摘要技术可以从大篇幅的新闻中生成简明意义的摘要，方便人们快速阅读。

（二）智能采集：扩大高校新闻信息的来源

新闻素材的采集环节中，传统新闻的人工模式很难高效地从众多信息中抓到重点，先进的数据挖掘算法可以更快捷、更广泛、更全面地搜集新闻线索。便携式设备使得高校记者可以一专多能；语音识别和转换、人脸识别与核查等智能技术，将大大提高高校新闻记者进行新闻采集的效率。利用无人机实现航拍，让新闻的视觉画面实现360度全景再现；传感器的使用、多信道直播云台、手机拍摄新闻以及电子日志（vlog），这些新技术的应用都将极大地扩大高校新闻采集的来源，进而使高校新闻报道达到前所未有的高度。

（三）个性化推荐：让师生成为主动接收者

人工智能的算法推荐通过综合考量信息特征、用户特征、环境特征，形成用户"画像"，进而根据用户的喜好进行定制个性化的内容推荐。例如，爱好学习建筑的师生，在算法的推荐帮助下，会在短时间内获取大量有关建筑领域的新闻内容，一定程度上节约了用户的时间成本，提高了获取知识的效率。算法推荐技术更是改变了传统意义上"我播你看"的传受关系，让用户成为更加主动的信息接收者。

人工智能新技术赋能高校新闻传播工作，意味着工作方法的智能化。随着5G智能终端的普及，新闻采集的门槛大大降低，语音转换技术可让校园记者从手写笔录的工作中解放出来；新闻报道通过一部手机就可以实现出全景式效果并带来现场感，机器学习帮助校园记者发现更多新闻线索，机器人写作有助于提升新闻编辑工作效率；基于5G的高速率、大流量的技术优势，高清大图和视频可以实时回传，提高效率的同时提升了新闻传播质量和效果；基于实时音视频与人工智能真人形象合成领域的技术研发，让 AI 主播亮相荧屏；人工智能+虚拟现实（AI+AR）的报道，极大提升了高校宣传思想对象的体验感；在大数据、云计算等技术的叠加下，高校新闻传播的服务功能将更加完善，移动宽带的应用体验将更多元，以直播为代表的视频流将得到更广泛的应用，成为校园新闻传播的主流趋势；传播内容从视频流向虚拟现实的超视频方向发展，将使高校宣传思想工作更加生动立体。

5G 技术对传播的内容、形式、方法、手段、业态都产生重大影响，把通信连接从人与人拓展到物与物，进而实现智能技术和智能平台的连接，为高校新闻传播创造了人机协同、跨界融合、共创分享的智能传播新范式。高校新闻传播工作要应时而变、顺势而为，积极拥抱人工智能，借助先进技术提高报道效率、提升内容质量，彰显新闻传播的科技魅力，推动校园媒体的创新融合。

二、区块链实现新闻传播的治理功能

区块链技术包括分布式数据存储、共识机制、加密算法、智能合约等。2019 年 10 月，习近平总书记在中央政治局第十八次集体学习时强调，"把区块链作为核心技术自主创新的重要突破口"。

据国内外专家学者研究，区块链大体具有四大特点。一是"去中心化"，这是区块链最本质的特点，指不存在中心管制，区块链自成一体化，无须依赖任何硬件设施；二是"共享开放"，除了个别被加密地带外，区块链整个信息系统透明开放；三是"安全独立"，采用基于协商一致的规范和协议，区块链整个系统运行不受干预，在掌握过半数据节点的权限之前，无法人为修改数据；四是"自由匿名"，区块链的信息匿名传递，在各区块节点不存在公开验证等泄露身份信息的操作，但一切必须在符合法律法规前提下进行。

媒体区块链作为一种"区块链+媒体"的应用创新,将对新闻传播业产生巨大影响。第一,"去中心化"是区块链的最大特质之一,形成"人人都是中心"的概念,让区块链技术从源头上减少不客观新闻、虚假新闻的生产,从而保证新闻的真实性。第二,区块链技术在新闻传播上的应用能够准确跟踪内容的版权所属和具体流向,随着区块链的大规模应用,侵权和盗版将几乎不可能实现,由此将更好地保障内容所有者的合法收入,提高新闻生产者的积极性,促进更多优质新闻的生产。第三,区块链使大数据与舆情分析相结合,可以对普通谣言实现快速追溯并进行打击,同时能让舆情分析更加精准凝练,节约时间成本,减少社会资源的占用。第四,区块链技术能减少中间平台对传播者的干预,形成的信息共享性,能进一步提高新闻传播效率、减少信任成本、增强监督实时性。第五,区块链技术要求"去中心化""不可篡改"。这样的技术逻辑在内容传播领域有着较高的风险,一是内容不经审核会出现问题,二是内容出现问题没法快速删除。

区块链技术目前还不是很成熟,尚未出现更多适用于高校的应用场景。但要认识和理解这一技术的重要应用潜力,特别是要认识到区块链技术及应用带来工作理念与方式的变革性影响。区块链新技术将对高校新闻工作产生影响,意味着工作基础的平台化。主要体现在高校新闻工作将借助于去中心化的内容平台,更多的校内外师生创作者将在平台上创作并发布内容。依托区块链新技术诞生的区块链媒体,可以绕过中间人方式,通过点对点的内容传输网络让网络内容更"中立",最终赋权更多创作者。区块链技术的发展必将给高校新闻宣传工作的守正创新和正本清源带来挑战。

高校新闻工作要从以下三方面适应这一技术。第一,区块链技术可以保护高校新闻工作相关隐私不被泄露,同时提高新闻内容的真实性,有利于调动更多利益相关主体参与内容生产的积极性;第二,适应区块链去中心化平台将对传播内容的审核方式提出新要求,加强和改进高校新闻审核工作机制,避免出现因审核把关不严而发生的报道失误;第三,利用区块链在高校网络舆情治理方面的优势,探索新媒体技术下高校意识形态与网络舆情监管的工作机制,从而带动高校宣传思想工作体系和治理能力的升级。

三、云计算增强新闻传播的协同效能

习近平总书记在 2019 年 1 月中共中央政治局第十二次集体学习时强调,"推动媒体融合发展、建设全媒体成为我们面临的一项紧迫课题"。云计算已经成为各行各业越来越离不开的基础能力,在高校融媒体建设中不可或缺。云计算在高校新闻传播的终端成就着丰富多彩的应用,与高校融媒体建设和发展方向相得益彰。

国内新闻传播学者认为,"云传播即云计算环境下人们传递和分享信息的一种共享传播机制,是对人们通过'互联云'进行信息传播活动的社会总过程的总体描述"[①]。其中,云终端是工具,云服务是媒介,云计算中心是基础平台,云传播的本质是信息在"互联云"上的流动过程。云传播具有移动传播、实时传播、全信息传播、个性化传播、自动化与智能化传播的特征。

在"云传播"的模式下,借助"云计算"的技术优势,"云媒体"和"广电云"应运而生,指的是报纸、电视、网络、手机等媒体形式共同聚合成一个媒介资源池,进而构建起一个内容无界、载体多样、可满足个性化需求的媒介发展模式。因此,高校的媒体融合和协同发展也需要在云计算等各种先进技术的带领下进行,进而提升传播效能,优化高校宣传思想的数据驱

---

① 李卫东,张昆. 云传播的概念模型和运行机制 [J]. 当代传播,2016 (1):63-66.

动功能。

云计算新技术提升高校新闻传播与数字经济的协同导向,意味着工作主体的网络化、云端化,在协同效率和协同模式方面都起到很大的作用。

第一,在协同效率上,云计算能够极大提升高校媒体的新闻采集和内容整合编辑等工作效率,减轻新闻工作者负担,提高新闻产出数量,降低媒体运营的成本。在新闻采集方面,在云计算环境所提供的海量数据之下,高校新闻记者除了实地采访等传统方式之外,还可以依托云技术在其数据库中获取大量新闻线索与资源。在数据存储与传送方面,云计算平台有强大的网络传输和存储能力,高校新闻记者在进行异地采访时可将所有信息随时上传至云端,并可以即时修改与编辑,避免关键时刻产生的线路拥堵和数据丢失等问题。在新闻编辑方面,云计算可实现新闻数据快速共享,编辑和后期人员可从云中随时调用前方记者上传的实时数据和数据库中存储的往期数据。在内容发布方面,云计算可以帮助高校的传统媒体与新媒体快速融合,实现新闻信息的多终端、多渠道发布。同时,还可以建立个性化新闻推荐、分布式新闻发布等系统,实现高校新闻传播内容的整合化和个性化发布。

第二,在协同模式上,云计算让高校新闻工作跨越更大的平台,不再局限于校园网硬件搭建和软件开发,促使融媒体更多嵌入计算技术,包括基于云计算的基础平台和连接各种应用平台,使得工作模式基于用户需求展开,侧重于满足垂直领域和个性化需求。同时,也可以协调校内各类媒体资源,搭建信息融通、快速高效的融媒体平台,进而提升高校新闻工作的整体管理效率。

此外,云计算环境下,媒介在高校师生终端上的内容得到了极大丰富,内容的获取变得更为便利,且互动性不断增强。一方面,云计算提供的云服务使高校师生的体验不断优化;另一方面,云服务也使高校新闻媒介与其师生建立起更为良好的关系,有助于5G环境背景下高校新闻工作的有序开展。

当前,高校新闻工作不再只是自上而下的灌输,还需要自下而上的反馈,更重要的是在上下交互的协同中达到共演共进,而云计算技术具有的融通性正好响应了这些诉求。为此,高校新闻工作的对象,不仅是信息的接收者,更是信息的提供者;不仅是工作方案的应用对象,更有可能是工作方案的创造主体。从某种程度上说,通过"两微一端"等网络形态,高校新闻工作也形成了一片云,让各类主体在云端协同成长。①

四、大数据拓展新闻传播的数据导向

在网络信息化时代,大数据与各行各业产生关联,直接影响了传媒生态,最直接的表现之一就是数据新闻的兴盛。我国媒体行业开展数据新闻实践已有十多年历史。

数据新闻是基于数据的抓取、挖掘、统计、分析和可视化呈现的新型新闻报道方式。这是大数据时代的一种全新的新闻呈现形式,它将数据信息与新闻事实结合,从数据中梳理新闻点,以可视化方式呈现,有助于梳理规律、揭示全貌,是过去精确新闻的升级版。

在5G时代,"万物感知、万物互联、万物智能"的全新社会形态形成,在人工智能、大数据、云计算、AR/VR、物联网、元宇宙等相关的应用之中,海量数据信息将诞生。这为数据新闻的进一步发展提供了有利条件:一方面,传感器、物联网等设备能够实时捕捉各方面数据,为新闻报道提供丰富的数据资源;另一方面,面对庞大的数据量,信息过载问题突出,经过梳理整合之后的数据报道以可视化等方式呈现,更受读者欢迎也更具传播性。

---

① 李华昌,嵇安奕. 从ABCDEF新技术方向看高校宣传思想工作新导向[J]. 未来与发展,2020,44(6):70-73.

以往高校新闻报道中，小数据应用比较多。伴随5G时代的到来，人与人、人与物、物与物之间将形成广泛连接，从而产生更多数据；另外，校园新闻传播受众较广、关注度高，且有就业、成绩、招生、人才培养质量等多维度数据作为支撑。因此，在融媒体探索进程中，高校新闻传播领域的数据探索应进一步加强。

大数据有助于精准传递事实信息，提升高校新闻报道的真实性。在传统的新闻报道中，文字、图片往往是主角，缺少系统化的数据作为支撑。在数据新闻中，利用大数据技术对庞大的信息进行提取、分析、筛选，再以数字、图表等形式呈现，高校新闻报道的内容更加精准，报道真实性、可信性、权威性大大增强，对受众而言也更有说服力。此外，当大数据与人工智能联手，高校新闻信息能够有效传播到目标受众，精准传播得以实现。

此外，运用大数据能够提高高校新闻传播的质量。数据新闻借助图形、表格以及各种交互设计，将抽象的数字图像化，创作出一种融合新闻呈现和设计创作的审美体验，也符合快节奏时代受众的速读需求，凝练地展示现状、突出重点、整合内容、描述关系，有助于增强传播活动的互动性，改善传播效果。

五、边缘计算提升新闻传播的服务能力

5G时代，除了云计算大行其道，边缘计算也将迎来广阔的发展空间。2021年11月，工业和信息化部发布《"十四五"信息化和工业化深度融合发展规划》，其中强调，引导电子行业企业深化5G、大数据、人工智能、边缘计算等技术的创新应用。

边缘计算具备低时延、高能效、强安全、可拓展、低成本等优势。它采用了一种分布式计算架构，将主要应用程序、服务和数据存储下沉到网络的

边缘侧，从而使计算更加靠近数据源头。

边缘计算赋能技术，它能够在各行各业施展拳脚，将有效的技术送到工作所需之处。在5G世界中，借助边缘计算，那些处于终端的智能设备能够拥有突出的算力、网络、存储等诸多功能，它们可基于用户的使用习惯、偏好等，提供个性化定制服务。

5G与云计算、边缘计算等联手，可以构建从云端、5G到终端的框架，将成为助力全媒体数据处理的有效技术手段。

在万物互联的时代，信息获取渠道十分便捷，受众对个性化服务的需求更为迫切。而边缘计算则有助于提高新闻传播的服务能力。基于实时采集的个人位置、心率、人脸、声音等个人信息，处于终端的智能设备不仅能够提供个性化、精准化的信息推送以及其他场景服务，还能根据用户习惯，提供个性化服务。此外，VR/AR/MR设备还能提供高度沉浸式的体验，营造身临其境的现场感，让受众享受参与感更强的信息交流方式。

高校的新闻采编队伍人力资源有限，往往一人承担多个角色，效率较低，新闻生产水平也参差不齐。在此技术背景下，高校采购各种移动设备、智能终端设备，不仅能够实时、精准、高效地采集、保存相关信息，还能对信息进行全方位整合、深度分析。这有助于拓展新闻传播机构的信息采集范围，提升采集效率，丰富新闻关注领域。

此外，边缘计算还能在高校的智慧校园、智慧图书馆建设、智慧教室、智能安防等领域发挥算力作用。在此过程中，通过传感器、物联网设备等采集的一些数据，也将成为新闻传播的部分素材。

六、元宇宙引爆新闻传播的场景互动

2021年被称为"元宇宙元年"。这一年，"元宇宙"三个字成功出圈，不仅吸引 Facebook、Google、腾讯、百度、字节跳动等国内外高科技企业竞相布局，还受到游戏、房地产、传媒以及学术圈的高度关注，掀起一轮又一轮话题热潮。

元宇宙并非新词。早在 1992 年，科幻作家尼尔·斯蒂芬森就在小说《雪崩》中首次提出这个概念。他在书中描绘了一个与现实世界平行，人类通过数字替身可以在其中生活的虚拟世界。在学界，元宇宙至今尚无统一概念。

2022 年 1 月，在《元宇宙发展研究报告 2.0 版》中，清华大学新闻与传播学院新媒体研究中心沈阳团队给出了元宇宙的定义：元宇宙是整合多种新技术产生的下一代互联网应用和社会形态，它基于扩展现实技术和数字孪生实现时空拓展性，基于 AI 和物联网实现虚拟人、自然人和机器人的人机融生性，基于区块链、Web3.0、数字藏品/NFT 等实现经济增值性。在社交系统、生产系统、经济系统上虚实共生，每个用户可进行世界编辑、内容生产和数字资产自所有。①

喻国明认为，所谓"元宇宙"就是互联网、虚拟现实、沉浸式体验、区块链、产业互联网、云计算及数字孪生等互联网全要素的未来融合形态，被称作"共享虚拟现实互联网"，也即"全真互联网"。具体来说，元宇宙是一个虚拟与现实高度互通且由闭环经济体构造的开源平台。②

简而言之，元宇宙是现实世界的在线分身，它平行于真实世界，并与之映射。

此外，较多学者公认的元宇宙的八大元素包括身份、朋友、沉浸感、低

---

① 清华大学新闻与传播学院新媒体研究中心. 元宇宙发展研究报告 2.0 版 [R/OL]. 报告厅，2022-01-25.

② 喻国明. 元宇宙：以人为本、虚实相融的未来双栖社会生态 [J]. 上海管理科学，2022, 44 (2): 24-29.

延迟、多元化、随时随地、经济系统和文明。

元宇宙融虚拟现实、增强现实、混合现实、人工智能、数字孪生、智能3D、云计算、5G等多种技术于一体，它让现实世界与虚拟世界链接、交叉、融合，不仅在互联网行业掀起新型革命，也将促使传媒领域产生巨大变革。

元宇宙的出现将催生沉浸式新闻。在元宇宙世界，借由VR/AR/MR等技术所打造的奇异大门，用户将走进魔幻的虚拟世界，在其中以全新的交互形式开展工作、社交、娱乐，感受身临其境的多维度、全感官体验。在这里，用户可以通过视觉、听觉、触觉、动作等来捕捉第一手的、最直观的新闻体验，无须借助第三者或者媒体的转述加工。

与传统意义上"新闻是对新近发生的事实的报道"的定义不同，沉浸式新闻用户的参与、观感和体验，强调的是用户在与发生的事实之间的互动关系中的判断和理解。元宇宙的出现，将把新闻传播带入"场景时代"。从长远来看，虚实交融的元宇宙将成为一个全新的媒介平台，它帮助人类摆脱物理世界的限制，突破时空界限。在这里，公众能够体验现实世界中难以触达的新闻现场，如火灾、地震、台风等突发性事件现场，也将扩大新闻媒体的范围；因为沉浸式参与，用户本身也成为内容生产者、传播者，用户的行为和身体反应等信息经过数据化记录之后，也被保存于元宇宙之中。元宇宙的低延时和强大的信息采集能力和传输能力，也将为信息传播赋能。广电行业也得以借助元宇宙拥有虚实相生的内容、炫目的视觉场景和智能主播等。

值得关注的是，未来虚拟世界的事实也将成为新闻的一部分。另外，元宇宙之中也将出现新闻媒体，可在那个独特的世界中传播信息，生成报道。

第三节　5G 时代新闻传播的场景化构建

5G 时代新技术的革新与发展，在高校新闻传播领域构建了新的传播模式，5G+VR、AR 技术使师生在沉浸式新闻中感知新闻现场，5G+大数据让基于数据评价的新闻传播成为可能，5G+算法干预使个性化新闻阅读推荐更加便捷；5G+元宇宙创造了虚拟与现实高度互通的新闻传播新场景。

一、5G+VR、AR，沉浸式新闻现场体验

虚拟现实技术（Virtual Reality）利用计算机创建了一种具有多源信息融合、交互式等特点的仿真模拟环境，是一种可以创建和体验虚拟世界的计算机仿真系统。用户可以借助传感器在 VR 营造的三维立体空间里实现人机互动。

所谓"VR 新闻"，就是在新闻报道中利用 VR 技术模拟出虚拟的三维情景，用户在观看 VR 新闻时可以得到沉浸式体验的一种新闻报道方式。这一说法是对它的直观认识，美国新闻业对其有另一个称呼——immersive journalism，译为"沉浸式新闻"。

沉浸式新闻是指一种能让观众获得新闻故事中描述的事件或情形的第一人称体验的新闻生产形式，用 360 度全景摄像机与其他实体设备记录新闻现场，经过处理后呈现在虚拟现实的头戴式设备上，使受众获得"身临其境"的体验。其基础思想是让参与者成为一个在场者的数字化身，并以其第一人称视角（或者第三人称视角等）进入一个虚拟重现的新闻故事剧情场景，目

前的方法包括但不限于利用游戏平台与构造虚拟环境。其最主要的目的是通过让观众化身为新闻事件现场的"目击者"（witness）而不仅仅是新闻的"观望者"（viewer）。

沉浸式新闻制作过程如下：前期，采集现场的新闻素材，如真实场景，实时记录的声音、图片、视频，以及出现在场景中的人（目击者或当事人），基于图片资料建模或对这些人进行动态捕捉，以创造精确的数字化身等；后期，使用Unity游戏引擎（或其他引擎）建构一个描述特定线性新闻事件的虚拟环境，加入人物塑造等元素，创造出具有强烈在场性、真实性与冲击力的空间叙事现场；最终，通过虚拟现实的头戴式设备和体感、运动追踪等设备进行呈现。

VR新闻借助头显设备，可以营造出虚拟的"新闻现场"，受众观看新闻的同时，可以实现"身临其境"的感觉。5G时代短视频的高清、沉浸、互动等特点和趋势，使5G+VR、AR在新闻的创作、生产、传播等各个环节拥有更大的想象空间。虚拟现实技术在"两会"报道中打造的360度无死角、全场景"沉浸式"新闻报道正是对人体视觉、知觉等感官的延伸，让观众看到更加"客观真实"的会议场景并沉浸其中，同时记者也不再是以第三者即观察者的身份出现，相比于传统新闻的聚焦，VR新闻更注重现场体验的沉浸感。

5G时代，网络的稳定和网速的加快，将推动VR/AR新闻在高校的普及和进一步发展，也必将带动高校新闻传播的技术革命和场景构建。借助5G+VR、AR沉浸式新闻进行报道，将使无法在现场的受众"身临其境"。

二、5G+大数据，数据评价的新闻传播

以往在传统媒体中，新闻传播一般是点对面的传播。大数据和5G时代，万物皆可量化,数据来源大大丰富,在海量数据中获取有用信息具有一定难度。

过去这些年,国内外很多媒体平台都在尝试个性化推荐。它们根据用户的阅读偏好、个性标签、浏览记录、潜在需求等信息,精准锁定受众样本,从而按需发送个性化、定制化的内容,形成千人千面的传播形态。

喻国明等学者认为,"新闻生产者可以通过各个应用终端收集用户的信息,针对用户的兴趣偏好提供个性化信息推荐,让读者真正拥有'我的新闻'"①。5G时代,各种应用场景进一步丰富,信息增长量超乎想象,对数据挖掘、处理、分析等能力提出新的要求。

在完整的信息传播链条中,受众反馈是不可或缺的一环。大数据技术可以让新闻传播者获得受众即时的量化反馈,在此基础上,将传播效果的事后评估变为可控的过程评价。由此,媒体可以根据用户的反馈情况改进报道,调整角度、完善形式、提升传播效果。

目前,高校除了官方微信公众号、官方微博、官方视频号之外,还入驻第三方平台,通过头条号、百家号、强国号、澎湃号、人民号等推送内容。高校新闻工作也与各大媒体合作,公布相关信息,树立良好形象,提升自身知名度。

在这些官方平台上大多有相关统计数据,可以评价传播效果。例如,浏览量、转发量、在看量等。高校可以根据这些数据信息,分析新闻推送的主题、时机、受众热议话题以及传播形式等,在此基础上迎合受众需求,调整推送策略。

未来,当5G技术进一步成熟之后,相关传播信息还将更广泛地汇聚。

---

① 喻国明,侯伟鹏,程雪梅.个性化新闻推送对新闻业务链的重塑[J].新闻记者,2017(3):9-13.

高校在经营各种平台时，应该注重参考评价数据，既达到精准推送和舆论控制的效果，又根据数据评价改善传播内容、传播模式等，深耕内容，提高质量。

此外，高校还可与外界合作，借助第三方机构或者互联网公司强大的信息采集、分析、挖掘、制图等技术，激活数据信息，更新新闻报道。

在 5G 和大数据时代，"众包"也是创新数据新闻的一种全新手段。众包是指利用集体智慧来搜集与核实信息、报道故事，或者在新闻生产中做出选择。[1] 例如，学校可以邀请老师、学生、职工、校友等参与新闻选题策划、内容采访和专题报道，多渠道获取各方面信源、数据、内容等，让新闻宣传部门和受众合力完成报道。

三、5G+算法干预，个性化新闻阅读推荐

个性化推荐是移动互联网的产物，反映了人与信息之间的新型关系形态。个性化推荐本质上不是用户在主动选择信息，而是信息主动呈现。基本理念就是通过计算机程序挖掘用户的阅读习惯和社交兴趣图谱，敏锐判断用户阅读下一条新闻的可能，以及这一条新闻与前一条之间的关系。在后续使用过程中这一图谱也通过不断记录、摸索和算法优化来进一步强化其信息推荐的"智能性"。从平台的角度来说，个性化推荐的目的是提升用户体验，增加用户阅读时间，并有效减少用户浏览重复或者厌恶的信息带来的不利影响。

个性化新闻阅读推荐在高校新闻传播领域的运用也将从内容推荐、提升新闻生产的效率和精准推荐这三方面发挥作用。

---

[1] 哈克, 帕克斯, 卡斯特. 新闻业的未来：网络新闻 [J]. 张建中, 李雪晴, 译. 国际新闻界, 2013, 35 (1): 53-66.

一是内容推荐,也称为用户画像算法。内容推荐算法的原理是计算机挖掘用户喜好和历史浏览关注记录,总结出用户的兴趣图谱,然后计算每条新闻与用户画像的相似度,将相似度最高的新闻推荐给用户。例如,高校师生的关注信息主要集中在人才培养、教学方法、招生就业、科学研究以及自己的学科专业领域,那么利用算法推荐,这些领域的信息可以集中而又持续地推荐给他们,从而提升高校师生的信息接收度。高校的融媒体中心也可以利用5G+算法干预技术,将相关信息有针对性地推荐给目标受众,从而提升新闻传播的实效性。

二是提升新闻生产的效率。在高校新闻传播中,算法把关通过模仿编辑的把关行为,对个性化新闻推荐系统内的信息进行判断与选择,代替了编辑的重复劳动,提高了新闻把关的效率,进而提高了信息产业的生产效率。与此同时,算法技术使高校记者和编辑从海量的新闻内容中解放出来,降低了新闻工作者的劳动强度,有助于其专注于技术无法替代的抽象思维与创造性的工作。同时,在个性化新闻推荐中,算法已经取代了传统新闻生产中的媒体编辑,担任守门人的角色,互联网与合作媒体取代受众,成为新闻的主要信源,把关人与受众之间的互动关系更加频繁,从传统把关人模式中的"把关人中心"向"用户中心"转变,新型算法把关模式也就水到渠成、应时而生了。

三是精准推荐,提升信息传播的到达率。个性化推荐除了基于新闻的点击量、阅读量、点赞或转发量等因子的量值实现对用户推荐之外,还可以采取多种算法混合的策略,以加权或者串联、并联等方式融合。因此,在高校新闻传播的策略里还可以采用以上方式,将学校的重要工作、师生关注度高、点击量和点赞量高的内容作为相关定制内容推送给更多的受众。这样做一方面可以避免"信息茧房"的产生,使高校师生可以及时了解学校的整体工作；另一方面也可以实现信息的二次传播，进而提升高校新闻信息传播的力度和广度。

因此，依托5G+算法干预技术，个性化新闻阅读推荐在高校的应用场景应该是为师生提供精准信息推荐，以满足他们的个性化需求。同时，提升高校新闻信息的生产效率，帮助高校宣传思想工作者生产出更多有深度、有温度的新闻产品。最后，在传播的过程中还可以根据多种算法混合的策略，使重要内容更加顺畅地到达师生面前，使新闻传播更有力度、有效度和到达度，从而提升高校宣传思想工作的效率和水平。

四、AI+新闻生产，新闻自动生成与阅读

AI+新闻生产目前主要体现在新闻生产领域的机器人新闻方面。机器人新闻是指新闻机器人自动收集、分析数据信息，发现有价值的新闻事实，并套用既有的新闻模板自动撰写而成的新闻。目前，大部分新闻机器人较多用于处理财经新闻、体育新闻等数据处理相关的新闻。

机器新闻写作具有两大优势：解放了新闻生产力，使新闻报道快速、高效、客观、低成本。首先，机器新闻解放了新闻生产力，能将高校新闻从业者从繁重的数据工作中解脱出来，给予高校新闻从业者更高层面发挥才能的可能。有学者认为人工智能机器人为传媒业提供了转化传统思维、优化采编流程、深化内容结构的最佳触媒。它从基础的采编环节开始，促进传统媒体整个产业链效率的提升。其次，机器人所写的新闻报道更快速、高效、客观且成本低廉。相关数据显示，2014年，wordsmith一年产稿接近10亿篇，这是人工写稿无法比拟的。机器新闻生产只需在数据库中搜寻相应资料，便可根据模板迅速成稿。在突发事件中，机器人可以弥补人类在应对突发事件时的不及时性。此外，机器人可以全天待命、一直工作，且不需要支付薪水。

即使前期研究开发成本巨大,但从长远来看,机器新闻生产的成本也远远低于人工写稿成本。同时,机器人不会歪曲事实真相,极大限度地保证了新闻的真实性。

然而,机器人写作也存在不足和局限。第一,机器新闻写作如流水线般的生产模式,不可避免地导致其生产出来的新闻产品千篇一律,具有格式化、单一化、同质化等特征。第二,机器人新闻缺乏情感和深度,无法激发受众产生情感上的共鸣和交流。

因此,未来理想的新闻写作将是人的能力与人工智能的结合。机器的作用不仅仅是自动获取数据并进行填充,还将体现在引导新闻线索的发现、驱动新闻深度或广度的延伸、提炼与揭示新闻内在规律,甚至可以借助机器分析对内容的传播效果进行预判,从而决定写作角度与风格。

高校新闻的新闻报道相对于社会新闻,内容简单、规律性强,主要涉及学校师生开展的教育教学、科学研究、社会服务、校园文化、学生活动等内容,而且按照每学年的校历开展的工作相对固定,如招生季、开学季、毕业季,高考招生、四六级考试、研究生考试、学术论坛和报告,学校管理方面主要涉及党建工作、教师工作、学生工作等,这些日常性的新闻报道内容和格式相对固定,参加的人员和活动内容、流程也变化不大。因此,对于这些规律性强的日常工作,利用计算机编写固定的新闻报道模式,由机器人写作新闻初稿,校园记者进行修改和审定。这样,有助于将高校新闻工作者从烦琐重复的工作中解放出来,缓解高校新闻宣传工作人员短缺的压力,将有限的人力放在挖掘日常工作之中的亮点上,撰写高质量的深度报道、制作师生喜闻乐见的新闻报道,以提高针对性和有效性。

五、5G+元宇宙，虚拟与现实高度互通的新闻传播新场景

元宇宙的火爆由多方因素促成：一方面，疫情让人们的自由出行受到限制，促使很多活动转至线上，加速了人类社会的虚拟化，公众对于在线办公、社交、娱乐、交易、教育等有更为迫切的需求，元宇宙所展望的场景具备广阔的应用空间；另一方面，5G、VR、区块链、物联网、人工智能、交互技术等迅速发展，为其奠定技术基础。

虽然迄今为止，元宇宙的商业模式、产品形态尚未清晰，真正的元宇宙世界还没有到来，但元宇宙如何应用于媒介传播已成为热门话题，且不少公司和媒体已经先行一步，开始这方面的实践探索。

2021年11月，湖南广电芒果超媒就宣布，将以国家广播电视总局5G重点实验室为基座，联合中国移动搭建芒果"元宇宙"平台，全面参与未来传播形态竞争。芒果超媒计划推出虚拟主持人、互动视频平台、超高清视频修复、增强平台等成果，从"互动+虚拟+云渲染"三方面构建芒果"元宇宙"的基础架构。在湖南卫视新综艺《你好星期六》中，该平台打造的数字虚拟主持人小漾已经作为实习主持人与真人同台。2021年10月，北京广播电视台推出中国首个广播级智能交互真人数字人"时间小妮"；同年，东方卫视也推出了二次元虚拟新闻主播"申雅"。

有学者分析，人类进入元宇宙有两种途径：一种是现实人与元宇宙进行沉浸式交互；另一种是人类以数字化身份融入元宇宙，进行数字社交和数字生存。

元宇宙可以还原现实社交场景，让受众感受真实与虚拟交融的新闻传播现场。比如，受众可以亲临战争、地震、洪涝、台风等灾害现场甚至是抗疫一线，在其中自主选择需要经历的场景画面等。

元宇宙也可以让受众置身于大型活动现场。这一功能尤其适合高校，比如，通过元宇宙让学生参加开学典礼、毕业典礼、新年音乐会、名人讲座、直播活动。利用高校的历史档案、地图、音视频等素材，元宇宙技术也可以还原遨游图书馆、博物馆、校史馆、校园等场景，让大学生沉浸式学习。此外，高校新闻宣传工作也可以启动虚拟主播，或者在元宇宙中的校园建立传播平台，实现更高阶更高效的融媒体尝试。

第四节　高校新闻传播适应 5G 时代要求

5G 技术的蓬勃发展，让万物互联、万物皆媒成为现实，催生全新的传播方式和应用场景，促使新闻传播领域发生深刻变革。5G 时代，高校新闻传播在平台、传播手段、人才队伍、传播理念等方面面临诸多难题，应该主动适应当前的发展趋势，探索新的融媒体传播策略，进而从体制机制、人才队伍、平台建设方面提供相应保障。

一、5G 时代高校新闻传播面临的难题

作为知识变革和科研创新的前沿阵地，高校聚集了优质人力资源和科技团队，应该积极应对 5G 时代的新机遇，拥抱新挑战，迎接新变化。

当前，与大众媒体相比，高校新闻传播在 5G 时代还面临一些难题和短板，突出表现在以下四方面。

（一）融媒体平台有待完善。

5G 的普及意味着智媒时代的到来，信息传播由"人到人"或者"人到

物"拓展到万物互联,众多传感器设备互联互通之后将打造全新的传播环境,传感器新闻、机器写作、VR媒体、AR报道等也给公众带来极致的传播体验。大部分高校的新闻宣传队伍在应对5G技术的到来上显得有些被动。高校新闻传播平台比较局限,仍主要局限在报纸、网站、广播、电视以及新媒体等传统渠道,较少涉及与5G相关的新终端、新设备、新场景的引入或布局。

(二)传播手段有待升级

随着人工智能、大数据等技术的升级,智能化采集成为新闻传播领域提高生产效率的重要手段,高校新闻采写仍采用传统的人工采写模式,未能充分发挥新技术优势,不能有效提高内容生产的数量和质量。5G时代,视听信息成为最主要的信息传播方式之一,视频新闻尤其是短视频崛起是必然趋势。而高校新闻传播囿于队伍、技术、设备和平台所限,在视频新闻方面涉足较浅,主要是通过视频号、抖音、快手等第三方平台进行传播,创作内容、主题、更新频率等都难以有稳定保障,传播效果也并不理想,尚未形成规模化效应。

(三)人才队伍有待扩充

5G时代,高校想要全面提高新闻舆论的传播力、引导力、影响力、公信力,需要更多精通技术和传媒的复合型人才。大多数高校的新闻宣传队伍主要以党委宣传部为主,外加校内二级单位的宣传员、师生通讯员、学生社团等兼职力量,在面对5G传播的需求时专业性不足,不能充分保障新闻素材的时效度。

(四)传播观念有待转变

面对5G浪潮,传媒业的竞争焦点在于整合"高端技术+优质内容"。高校新闻传播思想观念应有所转变，不应仅仅局限于过去的一篇稿件、一张图片或者一段视频，需要以技术为基础，强化媒介融合理念，既善于创作优质内容，又擅长对海量信息和数据进行有效整合，包括分类、挖掘、传播。

二、5G 时代高校新闻融媒传播策略

5G 技术加速新闻采集、生产和传播的智能化。立足新阶段，高校新闻传播要掌握 5G 时代的传播规律，顺应技术变革的需求，紧跟时代步伐，可采取以下策略。

（一）完善融媒体矩阵

引入相关技术设备，善用传播渠道，与中央媒体、省级媒体、行业媒体以及区县融媒体中心合作，借助成熟的平台和渠道，制作彰显高校特色的适合 5G 时代传播的内容。

（二）借力智能化传播手段

高校可探索将人工智能技术应用于新闻采集、生产、分发、反馈等多个环节，让新闻传播量质齐升。例如，新华社"快笔小新"、腾讯写作机器人"Dreamwriter"、今日头条"Xiaomingbot"、南方都市报写稿机器人"小南"等已试水过民生、科技、财经、体育、娱乐、房产等多个领域。高校新闻季节性比较强，重复性内容比较多，适宜引入写稿机器人，以充分发挥人工智能技术写作高产迅捷的特点，让编辑记者从枯燥反复的重复劳动中解脱，将更多时间精力投入有深度有温度有高度的新闻策划、重大主题报道、深度报道等内容。高校还可尝试与校外媒体或平台的虚拟主播合作，取代原有的配音或者师生主播，面向师生播报各种校内外新闻报道，让内容生产自动化。

（三）发力短视频

高校新闻传播的主要受众是"95 后""00 后"大学生全体，作为网络

"原住民",他们习惯从移动社交视频中获取分享信息。高校宣传部门应重视短视频阵地建设,组建短视频创作小组,深入挖掘选题,从师生喜闻乐见的话题入手,立足校园生活,捕捉师生普遍关心的题材,从内容生产、平台运行、传播扩散等角度进行规范化运作,摸索传播规律,占领短视频阵地。

三、为 5G 时代高校新闻传播提供保障

面对 5G 时代高校新闻传播的新需求,要改革校园媒体体制机制,实现媒体融合和流程再造;掌握 5G 时代传播手段,打造一支全技能融媒体工作队伍;建设融媒体技术平台,发挥融媒体中心的网络育人功能。通过这些手段为 5G 时代高校新闻传播提供保障。

(一)改革校园媒体体制机制,实现媒体融合和流程再造

5G 时代智能传播的特点,要求高校新闻传播要适应媒体融合的发展要求,针对新媒体传播的特点,对高校融媒体传播进行流程再造。

在融合报纸、广播、电视等传统媒体的同时,完成校内官方网站、微博、微信公众号、抖音等新媒体平台的搭建和维护工作,建立高校融媒体中心,搭建高校融媒体平台,全面覆盖新媒体主流阵地。同时,充分利用最新传播技术打通"策、采、编、发"等内容环节,采取"中央厨房"式的新闻运行机制,通过高效整合各种媒介资源、生产要素,实现一体策划、一次采集、多种生成、多元分发的新闻采编流程,着力打造全方位、多层次、立体化、广覆盖的宣传矩阵。

同时,适应分众化、差异化传播趋势,聚焦"全程、全息、全员、全效",开展传播手段和话语方式的创新研究,通过分析到达率、阅读率、点赞率、转发率等数据,实现快速传播、移动传播、全媒传播、分众传播、互动传播、权威传播的目标,选择传播时机,提高传播时度效。通过开展融媒

体中心提升新闻宣传水平的路径和策略研究,让高校各类新闻媒体"百花齐放",并产生媒体间的联动和矩阵效应,形成新闻宣传合力,切实提高高校新闻宣传的质量、水平和有效性。

(二)掌握5G时代传播手段,打造一支全技能融媒体工作队伍

为适应5G时代高校新闻传播的需求,高校应积极探讨新闻工作者全能化发展的路径。高校可邀请新闻专业人士和新媒体技术专家进校培训,以及安排新闻工作者到新闻单位实习,让高校新闻工作者不再局限于传统单一的文字、摄影记者角色。他们应具有新的媒体传播理念,懂得媒体传播规律,掌握5G时代的人工智能、区块链、云计算、大数据、元宇宙等各种新工具、新技术、新手段,能够获取和采集各种新闻素材,熟练操作各种现代化编辑设备,成为制作整合的全技能记者。

同时,无所不在的互联网将使新闻采集进一步普及化和日常化,要善于利用媒体技术,将高校师生纳入新闻采集和舆情监测的队伍,使高校新闻传播成为一个在专业队伍引导下,全体师生员工都能参与的融媒体舞台。

(三)推动高校融媒体中心建设发展,打造融媒体技术服务平台

高校融媒体中心的建设发展,需要兼顾新旧不同的媒介形式,以传统媒体为基础,以新媒体为主要阵地,大胆启用新技术,构建新型校园媒体矩阵,使各类媒体平台在技术、平台、工作流程、人员配备等方面实现融合,最大限度地发挥平台效应、技术效用、组织效用。

建立DLP大屏幕显示墙系统,形成网络集中监控平台、信息资源共享平台、分析决策平台和指挥调度平台;打造融媒体采编平台,要通过技术实现内容渠道发布、内容监测反馈、舆情分析与研判、移动采集、智能写作、大数据管理等功能,实现新闻采编流程、舆情管理流程、新闻素材管理流程等业务流程的融合。

针对新时代大学生思政的工作实际，通过融媒体中心的各种新媒体手段，将网站、微信公众号、抖音、B站、快手等新媒体纳入网络思政平台，通过微视频、网络直播、VR/AR技术、元宇宙等新技术创新性开展新闻宣传和大学生思政工作，从而实现高校宣传思想工作整体提升。

第十章

网络舆情科学管理

第一节　5G 时代高校网络舆情的特征

在新的媒介生态环境下,科技手段已成为做好舆论工作的重要抓手。面对自媒体发展、个体性表达的新诉求以及 5G 时代的新形势,要深入理解 5G 驱动下的传播规律,认真梳理高校网络舆情的新特征,牢牢抓住意识形态领导权,建设具有强大凝聚力和引领力的社会主义意识形态。

一、网络舆情的载体更加多元化

在 5G 时代,基于大连接、大带宽和低时延的三大特性,5G 技术缩短了人与人之间的时空距离,发展出更加多元化的载体,构建出"万物皆媒"的科技传播新格局。"万物皆媒"的终端形式越来越多样化。5G 技术的发展,促进了需要低时延、高速率网络的 VR 直播的发展。5G+VR 为观众呈现超真实体验,虚拟现实技术可以对直播场景、直播人物等元素进行模拟,打造出比拟现实的虚拟画面,观众甚至可以与 VR 元素进行互动,获得更立体、更真实的"沉浸式"直播享受，颠覆传统观看体验。5G+VR直播打造传媒产业新生态，该技术已越来越多地用于重大活动直播，传播效果显著。例如，2020年两会期间，运营商推出的5G视频直播背包大受欢迎，媒体记者仅携带一个便携式背包，即可实现超高清晰屏轻量化直播，解决了直播现场布线难、微波传输不稳定等问题；2022年北京冬奥会直播全部采用4K超高清信号制作，为冬奥场外观众提供360度视角观赛的全新体验。

5G时代，手机、电脑可能不再作为唯一的媒介终端，智能手环、VR穿戴设备、车载设备等都可能成为公众发声的媒介。高校网络舆情的载体更加多元化，甚至不再局限于网络平台。新技术及其使用深刻改变媒介和舆论生态，改变个体获取信息的渠道，改变舆论走向规律。师生日常使用的媒介载体日益多元化，师生对媒体形态和载体有了更高的诉求。新媒体技术的可能性和不可预见性，给社会带来冲击的同时也要求高校不断提高媒体应对能力。高校正积极回应师生的诉求，加快视频化、移动端的转型，提升新闻生产制作能力，不断提升主流媒体的新闻权威性，以适应5G时代新闻传播新的形态。要不断打破原有的工作体系格局，投入更多的资源用于提高新媒体作品的生产能力和技术手段，如高清视频、多视觉、高度互动性等，以适应科学技术的发展。

二、网络舆情的个体性表达更突出

5G时代为自媒体用户带来更多的发展空间。非网络时代，个体性表达需要借助有一定门槛的平台，比如，报纸、广播、书籍、电视。主流媒体占据公众的视野，普通民众很难触及，个体与主流媒体的能力之间是不平衡的。随着互联网时代的到来，个体性表达能力逐步提升。高校校园社交平台已从论坛、博客，发展到公众号、微博、各类短视频直播平台，个体性表达的平台与空间逐步扩大。从受众到发布者的身份转变，从接收者到输出者的角色调换，网络赋予每个个体生产发布信息的可能性。伴随着传播技术和手段的创新与提升，自媒体的门槛也在逐渐降低，任何一个网民都具备发展为网络大V的潜力。传播门槛的降低，意味着区别于主流新闻媒体的普通网民的声音日益增多。传播权利赋予每个人，个体的诉求和观点的表达逐步实现。

在5G时代，视频直播成为个体性表达最便捷、低成本的平台。霍尔的"编码/解码"理论指出，信息处在一个生产、流通、分配/消费和再生产的环节之中。借助新媒体技术的发展，个体直接跃升到信息的生产环节，由传播过程的下游跳跃到上游，占据公众视野。各大直播视频平台充分认识到新形势的转变，积极鼓励个体表达。

众多短视频平台认识到个体性表达具有强大的发展空间，而流量的获取依赖于人们基于"认同"所带来的经济收益。于是，记录和分享被引申为代表着美好、有趣、欢乐的某种"生活方式"。短视频平台受众"认同"的重点不再是权威、主流，而是生活方式、年龄和兴趣，其中社交属性占据重要的部分。短视频平台不断鼓励个体制作出富有创造性且迎合受众趣味点的视频作品，催生出一大批自媒体网络达人。他们来自受众，本身也是受众中的一分子，成为受众的代言人。正是这种群众性、大众性、底层属性，让短视频平台成为大众狂欢的娱乐场。

随着互联网传播格局发生深刻变化，网络传播的速度、广度、深度和影响力大幅提升，高校网络舆论生态日益复杂，舆论斗争更加激烈。5G时代，个体性表达更注重对平等、公平的诉求。当个体在舆论场中与权威具有同等权利时，个体表达会更加关注弱势、边缘群体并为其发声。性别、种族、年龄、身份等问题成为受众关心和思考的核心问题。比如，女性主义深入网络文化领域，以女性视角关注女性群体；在文艺作品中，出现了带有明显女性意识的文学作品；在自媒体领域，大批女性以拍摄短视频展示其生活方式和价值观，其中既有上班族，也有家庭主妇。女性创作、女性形象、女性身份在自媒体领域独树一帜、引人注目。"三农"群体中也涌现出大批网红、博主，他们立足于农村现实题材，关注农村现实问题，围绕农民群体传达社会意义，特点鲜明。舆论对平等、公平的诉求日益增长，对政府公信力的挑战也日益加剧。每个个体在网络中都扮演着"监督者"的角色，引导整个舆论走向和形势。当有关乎社会公平正义的事件发生时，网民往往会迅速达成共识、占据道德制高点，形成正义的力量。

高校师生是网民的重要组成部分，面对网络个体性表达的新形势，高校网络舆情工作也应及时调整工作策略，更多侧重于师生关注的媒体平台，找准工作重点，做到有的放矢。个体性表达具有群体性、社交化、碎片化的特点。一方面，不同的媒介平台吸引不同的受众群体；另一方面，许多小众群体也因相同的价值观、兴趣点而聚合在一起，形成多种多样的社交圈和族群。个体在表达方式上也更加情绪化、碎片化。多种多样的思想观念体现出人民群众对美好生活的需要日益增长，期待更丰富的精神文化生活。

三、网络舆情的主体特征更凸显

高校校园里主要的群体是大学生。5G时代的大学生，成长于国家快速发展、改革开放不断深化、国际地位不断上升、互联网与生活紧密融合的时代。在成长的过程中，他们享受着改革开放的红利，感受着国力的强盛，对国家模式、发展道路的认同度高。然而，当代社会政治、经济、文化的剧烈变化，传统与现代观念的冲突，东西文化的交融与对抗，使社会价值观念呈现出多元化的特征。当代大学生富有强烈的爱国情怀、充满国家自信和民族自豪感，他们更加自信、独立，自我意识、公平意识和民主法治意识不断增强。青年群体对自身利益的诉求和社会参与意识更强烈。

一是自我意识增强。随着社会主义市场经济体制的逐步完善，当代大学生的自我意识逐渐增强。对自我需要的尊重、对自我价值实现的关注与追求、对自我价值主体地位的确认等，已成为当代大学生价值取向的重要因素。从主流看，当代大学生并没有忘却社会主体，他们追求个人与社会的统一，追求社会价值与自我价值的统一，认同个人的发展、幸福、未来与社会发展进步和国家繁荣富强是分不开的。但自我意识的增强，在少数人身上极化成以自我为中心的倾向，这一情况已不容忽视。

二是公平意识增强。当代大学生有强烈的表现欲望，不再"知足常乐"而趋于保守。他们希望通过公平竞争，得到锻炼，也得到回报。比如，有些人认为当上学生干部能够锻炼能力，培养管理素质；争取到奖学金和各类奖励证书，既能表现知识和能力水平，又可以缓解经济上的压力，同时还能充分展示自身价值。但竞争是残酷的，有成功就有失败，因而，不正当竞争或者说竞争目的与手段的非同一性现象也时有出现。

三是民主法治意识增强。大学生崇尚民主、法治社会，并逐步学会用法律武器维护自身的合法权利。他们关心高校收费的标准是否符合国家规定；他们往往认为缴纳学费后，应该享有与之相当的服务，应该有自主选择专业、课程、教师的权利，有自我管理的权利，服从学校统一安排不再是他们唯一的选择；他们希望国家的民主法治建设进一步完善，同时又不愿意个人的自由受到限制。民主法治意识的增强是当代大学生价值取向积极的表现，但往往也有不少学生不能正确理解和处理民主与法治、权利与义务的关系。

可以看出，处于18~24岁这一年龄段的大学生，是推动民族文化传承创新和社会科技发展进步的主要依靠力量。他们具备成年人的体魄，其心理却尚未成熟；他们文化程度相对较高，思维活跃，富有思想和激情，但价值观念尚不稳定。大学生具有争强好胜、好奇心强、初生牛犊不怕虎的个性特征，他们与社会上的人相比，对自身利益的诉求和社会参与意识更强烈，更加关心国家时事、社会大事和学校建设。

5G时代让青年群体获取传播信息有了新平台。5G时代，青年群体更倾向于在论坛、微博、微信朋友圈、知乎、B站等网络平台表露自己的心声，这样一个群体的理想信念、政治态度、价值观念和思维方式非常容易通过网络集中呈现出来，形成一定的网络舆论。而这些网络平台有很强的隐匿性，他们借此大胆发表言论，多用调侃的语言方式发泄自身的压力和情绪，甚至有一些不良媒体只为赚取流量，利用学校教学管理、师风师德、学术不端、师生安全等领域事件，发表极端失真的言论博取网民眼球，制造舆情。如果不关注、研究青年群体的新特征，不了解和掌握他们获取信息、传播信息的渠道，那么在网络舆论形成的初期是很难发现并及时引导的。

四、网络舆情传播更具有突发性特点

5G时代，高校突发事件传播具有以下四大特征。

一是校园突发事件的舆论主体更加多元化。校外媒体、校园媒体、在校师生、社会公众构成社会舆论场，由于出发点、利益点的不同，舆论生态纷繁复杂。重大网络舆情信息往往由个人账号发布，民间媒体关注转载，但仅需短短时间即可占据微博热搜，可见自媒体在舆论发酵中的强大力量。

二是舆论交互更加便捷。多元主体都有自主发声的渠道，信息扩散极快，特别是有些自媒体为追求自身流量，为"蹭热点""蹭流量"而推波助澜，负面舆情信息短时间内即可能成为全社会关注的热点事件。微博是主要的舆论平台，信息形式已不仅限于图文并茂，视频成为重要的信息载体，无

论是当事者直击现场、关注者转发转载,还是官方媒体通报处理,视频都成为最直接、最有力的传播渠道。

三是舆论场的规模更加庞大。突发事件传播常常呈现出"井喷式"爆发,从前期的"星星之火"很快便能发展为"燎原"之势。

四是主流媒体的权威性不可替代。在纷繁复杂的舆论场中,主流媒体的舆论引导力不容忽视。当舆论发酵时,平息谣言、拆穿虚假信息、安定人心最重要的手段是充分发挥主流媒体的权威性,及时准确发布真实信息,通报最新工作部署。官方舆论场要把控舆论风向,设置议题,逐步占领舆论引导的主要阵地,舆论引导坚持"宜疏不宜堵"的原则。

5G时代,高校突发事件处理不当极易发展为全社会关注的舆情热点事件。一个网络热点事件特别是突发事件,加上一种情绪化的意见,就可能成为引发高校舆情事件的导火索。刚成年不久的大学生群体,既是高校舆情的传播者,也是高校舆情应对的受众之一,他们身上"少年意气"的特点是一把双刃剑:用得好,是学生拼搏上进、开创未来的源动力;用得不好,则成为盲目拉帮结伙、抵抗规则束缚、冲击道德和法律边界、站在"对立面"的网络推手。

移动社交传播相较之下更快、影响更大、覆盖更广、动员性更强,热点易发多发,经济热点、民生热点、改革热点都可能引起舆论发酵。做好舆论引导和新闻报道,关系到人心安定、校园安全稳定、社会稳定。突发事件往往带有急迫性、严重性、群体性的特点,突发事件传播扩散迅速、信息量大、不可预见、关注度高。当出现突发事件时,恰是信息杂乱、容易滋生谣言的时候,需要宣传舆论释疑解惑、导航定向、澄清谬误、明辨是非,这是新闻舆论的重要职责使命。

第二节 5G时代高校网络舆情管理面临的挑战

5G技术的日益成熟和不断发展,让移动互联网的各项功能都进一步得到了优化,也让移动互联网成为手机网民常态的生活方式、各行业的重要发展模式和各类舆论信息的新信源。在世界百年未有之大变局的复杂背景下,网络舆论生态及民众思想状况更加多变,5G技术在给高校师生带来诸多便捷的同时,也给高校网络舆情管理带来了新的挑战。

一、信息快速传播,"黄金法则"面前与时间赛跑

传统媒体时代的"黄金24小时"法则已经失效。网络舆情产生一般会经历孕育形成、扩散爆发、冷却消亡这几个阶段。如今已经进入5G移动互联网时代,突发事件一旦发生,几分钟甚至几秒钟后就会有目击者将实时的图片或者视频通过手机传到互联网上,瞬间就可以传播到各个网络终端,1~2小时可能就会成为网上的热点事件。由此可见,虽然在5G时代网络舆情生成规律依然适用,但其形成和爆发的时间却在大大缩短。事件发生后,信息的传播基本可以做到零延时,瞬间就可以使舆情呈现井喷式爆发态势。传统网络舆情发展的萌发期、高涨期、蔓延期和变异期的界限也就变得不那么泾渭分明,所谓的"黄金24小时"已然失效。

从"黄金24小时"到"黄金4小时",再到"黄金2小时"。10年前,人民网舆情监测室就曾提出突发事件中的"黄金4小时"概念。"4小时"考虑了需要厘清事实真相、政府各部门协调工作和完成信息披露文书所花的

时间。这同样适用于高校舆情管理。如今，信息传播不再受时间和空间限制，网络舆论场已进入"人人都是麦克风"的时代，每个人都可能成为信息源。新华网舆情监测显示，当今80%以上的突发事件均始于自媒体传播扩散。学生甚至可以在高校突发事件发生的第一时间就进行"现场直播"。在如今5G时代冲击下，"黄金4小时"法则也渐显无力。

有专家基于多年对网络舆情的分析，以及对当下媒体环境的判断认为，发布时限还应更短，提出了"黄金2小时"法则。和"黄金2小时"法则抢时间，是高校舆情管理面临的首要挑战。何谓"黄金2小时"？是指突发事件从发生到网上传播扩散、形成舆情指向，所需时间大概1~2小时。这是危机处理和舆情引导的最佳时机。只有在这个时间内抢占信息传播第一落点，影响受众对事件的第一印象和基本判断，才能赢得舆论主动权和话语权。在2小时内，即使未抢到第一落点，公众也有耐心等待政府部门做出回应；如果2小时后仍迟迟沉默不语，公众就会在焦急等待中从其他渠道打探消息，很可能耳闻或传播不实信息乃至谣言，导致混淆视听，干扰事件处置。

对高校来说，舆情管理考验的是把控纷繁信息、主导舆论动向、凝聚共识的能力和水平。管理方法得当，将事半功倍；方法不对，就会努力白费，甚至事与愿违，平添负面舆情，还会加大处置难度导致次生舆情发生。按照"黄金2小时"法则，高校需要和黄金法则抢时间，要做到能在事件发生2小时内，快速了解事件真相、拟定官方口径、安抚涉事师生、发布权威信息等，这是高校在舆情应对中面临的首要挑战。

二、信息传播方式新，舆论场中"防不胜防"

传统的"查人""删帖"，只会加剧舆情传播主体的不满情绪。传统观念认为，宣传的主要目的是树立高校良好的社会形象，职责主要归于高校宣传部门。过去，高校都是通过宣传部门对内、对外公布信息。可以说，宣传部门是高校对外发布信息的主体。高校宣传部门打交道的主要对象是报纸、广播、电视台、新闻网等校外传统媒体，在网络舆情的监管上缺乏理性科学的指导，忽视了正面引导网络舆情。通过堵、删等简单粗暴的方式来控制信息的传播，以消除舆情带来的负面影响，常常会加剧网民的不满情绪。

越"压制"越"反弹"，网民的不满极有可能成为推动负面舆情发展的"利器"。在信息技术高速发展的5G时代，人人都是"自媒体"，"把关人"的角色被弱化。任何人都可以通过各种自媒体平台进行信息传播，人人都可以成为校园新闻的"主播"，这直接颠覆了高校信息传播的主体。此外，随着自媒体的崛起，人们获取信息的渠道越来越多样，网络、手机客户端等信息获取手段的时效性、互动性更强，内容更加丰富生动，也更能抓住青年大学生的眼球。一旦校园发生突发事件，通过和这些自媒体"打好交道"以删减负面评论的方法是很难奏效的，甚至会出现越"压制"越"反弹"的现象。

5G时代自媒体的交互性、时效性和信息多元化等特性，使高校舆情应对的手段与方式必须相应地转变。如果没有充分意识到舆论传播的主体已然发生改变，当突发事件发生，校方还来不及采取有效应对措施，又不得不"硬着头皮上"，官方回应经不起推敲、漏洞百出的时候，就给了舆情发酵"推波助澜"的机会，高校就会面临无舆论可控、有舆情难应对的尴尬境地。

三、舆情监测和应对的难度增加

5G时代舆情热点的爆发和传播更加迅速，对网络舆情监测的准确性要求更高。目前舆情监测主要通过文字检测进行搜索，未来5G技术推动"万物皆可联"，让舆情监测内容不仅包括图文、视频，还要包括物联网的可穿戴设备监测到的各种信息,需要通过大数据分析汇总,需要监控的信息量大幅增长。网络舆情不再是移动端的特定产物,物联网的不同端点均可能成为终端。物联网意味着生产效率更高,控制体系更为精密,信息量更为庞大。网络舆情监测需要抓取和分析海量用户在社交平台上所生产的文本数据。5G时代,舆情监测更多需要依赖大数据监测技术,必须使用"5G+人工智能"才能从互联网海量的信息中快速监测到热点事件,这让高校舆情监测工作的成本和难度大幅上升。高校舆情监测需要通过动态追踪的方式对舆情热点予以实时反馈,以确定舆情事件在发酵不同阶段的情感走向和舆论形势。由于缺乏专业人才和技术,高校网络舆情监测存在着监管滞后、信息不精准、预判不准确等问题。

5G时代网络舆情应对难度增加。在负面舆情出现苗头时,要精准研判舆情走势,适时发声,开展舆论引导。在信息发布和舆情监测流程中需要将思路从"撤热搜"转变为"推热搜",要设置议题,全方位、多角度发布真实、准确的信息,积极回应公众关心的问题,而不是一味回避、压热搜。近期几例舆情事件显示,官方舆论缺失、延时,只会给民间舆论发酵的空间,最终造成被动的局面。如果对形势判断不准确,发声不准确,也会造成更恶劣的影响。在负面舆情发酵时,高校需要快速准确研判形势,精准定位事件属性,发布客观公正的通报信息,每个环节都紧紧相扣。这是对高校网络舆情管理的一次检验。任何一个环节处理不当都会造成更坏的结果,刺激舆情进一步发酵。高校必须正视网上舆论引导的重要性,提高同媒体打交道的能力,提升舆情应对的水平。要把媒介素养作为领导干部政治能力的重要一部分。面对舆论生态的变化,舆情管理必须更快适应,尊重网络传播规律,提高网络舆论引导的能力水平。对突发事件进行网络舆论引导,把握正确政治方向和舆论导向。

四、各个部门协同作战能力亟须提升

高校网络舆情管理体制机制有待进一步健全。一般来说，网络舆情管理体系包括口碑资源建设、组织管理、危机管理与监控流程和网络监测管理等体系。一些高校已经建立起网络舆情管理体系，但尚不健全。网络口碑资源建设包括高校官方微博、微信的信息输出以及与师生网民的互动交流。危机管理与监控流程则是对突发事件进行处理的办法和途径。建立了危机管理与监控流程的高校大多经历过突发事件，在有一定经验的基础上更加认识到危机管理与监控流程的重要性。有些高校只针对某一子体系进行监测或管理，还有些高校只是在发生突发事件后，紧急组织工作专班，启动网络监测管理，而在平常基本忽略日常的舆情监测；殊不知，缺少任一环节，都会导致高校网络舆情应对体系不能正常运行，影响其发挥应有的监测预防作用。

网络口碑资源前期建设不足，主流舆论阵地引导力不牢。在传统舆论阵地很难发力的情况下，高校一般采用官网新闻网站、微博、微信公众号和视频直播的方式进行推送传播。很多高校都建设了相关的媒体阵地，但部分高校存在只建设不维护的现象。比如，有的高校的官方网站信息长期不更新，有的"动态""快讯"专栏，最近的消息还定格在数月前甚至一年前，动态资讯信息发布量少，不能同步反映学校的工作。还有的高校官方页面上设置有意见问题栏、校长信箱、书记信箱、留言板等，回复不及时甚至根本没有回复，这些栏目成为网站上的摆设。有的点开后，显示"内容正在建设中""无法打开该页面"。这样的"僵尸网站""睡眠网站"，极大损害了高校形象，也降低了高校自身的公信力。有的高校建有微博、微信公众号以及抖音、快手账号等，可是却只照搬日常工作材料，不用网言网语，更不要说和网民在留言区积极互动了。这样的阵地，不但没有充分发挥新媒体平台的功

效,还大大损耗了关心关注学校发展的热心网民的热情。高校网络口碑资源前期建设不足,当舆情突发时,就不会有人挺身而出、为学校发声。

网络舆情管理人手不足、协同不够。有些高校存在着主体不清、分工不明的问题,没有明确主要责任人。网络舆情的监管、预警、研判、引导责任分散在不同部门,当面临突发网络舆情危机事件时,常因职能部门之间协同联动不够,工作队伍缺乏专业素养、阅历不深、能力不够等导致效果不理想。有的高校从事舆情研判、预警的工作人员往往身兼数职;有的高校缺乏专业的网络信息技术队伍;还有的部门对舆情认识不足,处置不及时,存在"只求查人""只要删帖"的应付心理,舆情发生后往往需要及时提供事件的处置措施,而涉事部门往往行动迟缓甚至没有下文;有的管理者网言网语过于"简单粗暴"。当负面舆情发生后,获取网络信息渠道窄、对网络舆论反应慢、媒介素养水平低、网络舆论应对时单兵作战等问题都使得高校在应对网络负面舆情事件时陷入困境。

五、群体情绪旋涡使无舆情可控

自媒体依赖让信息获取存在片面性。美国学者梅尔文·德弗勒曾提出了媒介依赖论,认为一个人越依赖于通过使用媒介来满足需求,媒介在这个人生活中所扮演的角色就越重要,而媒介对这个人的影响力也就越大。随着5G时代的到来,高校师生对自媒体的运用更加广泛,信息交流不断加强,自然而然地形成了5G时代的自媒体依赖。随着移动互联网技术的发展,网络上的信息越来越多。每个人都成为自媒体上信息的发出者和观看者。一旦自媒体上爆出突发事件,即使网民试图全面获取这个事件的信息,也只能获取关于该事件的有限信息。所以有时候大家获取的信息都是片面的,根据这些片面的信息去评论整件事情的缘由,只会让舆论呈现"一边倒"的状态。在网友同情受害者情况下,受害者可以维护到自身权益,但受害者也可能变成网友口中的"加害者"。这样的网络误伤会给高校的舆情应对带来不良影响。

自媒体依赖让社会舆情更容易叠加高校舆情。高校校园面临着形形色色的突发事件,而这些事件又不可能完全脱离社会,我们称之为"高校社会性突发事件"。当有突发事件发生时,师生尤其学生的第一反应是从网络、手机上获取信息、发表言论,尤其加上一些自媒体的推动,一些单纯的校园事件非常容易成为"社会新闻事件",引起较大的社会反响。还有的社会热点事件,本来和高校无关,但是随着事件的爆发、网络的传播,在网络大V的影响下,师生的思想认识和判断将随着事件的不断变化而转变,事件信息公布的多少则直接影响到高校师生对事件的认知和理解,形形色色的自媒体对事件的关注将直接制造并影响校园舆论。当网络舆情发生后,很多人往往不会认真推敲事件本身的细节,而是习惯于非常主观且随意地做出善恶判断,贴上泛道德化的标签。这个时候,一些所谓"意见领袖"对于事件的观点输出,就极有可能成为点燃一片舆论场的导火索,加上他们的"暴力表达",在群体交流和讨论中更容易导致舆情表达的扭曲和极端化。如果相关部门反应滞后、信息发布不及时造成"信息盲区",未能及时跟进、合理应对,就会让自媒体的留言评论区主导师生判断,非常容易形成群体情绪旋涡。此时此刻高校面临的就是消息传播快、范围广,不明真相人员多,舆情程度严重,控无可控的被动局面。

高校要警惕别有用心之人对青年群体的"下套""设伏"。尤其需要警惕的是,一些敌视中国的西方势力和极少数敌对分子往往会利用青年学生群体,借助网络推销西方意识形态,通过信仰宗教、参加社团、资助留学和游学访学等形式拉拢一些大学生,实现从网络到现实的全方位的意识形态渗透,其形式多种多样,内容五花八门,隐蔽性强,覆盖面广。大学生们社会实践和生活阅历相对有限,并不具备成熟的鉴别力,对善于伪装的网络传言和虚假证据往往深信不疑,对别有用心者设下的圈套没有防范,对突发事件尤其是涉及自身利益的舆情事件的反应也更加直接和激烈。在谈论、评价、思考、传播社会问题或校园事件时,往往会自以为是、冲动行事,仅凭自己所了解到的局部信息甚至是凭借自己的感觉去判断,在没有准确、全面了解清楚事件全貌前,就在网络自媒体上发表自己的见解,再加上一些别有用心之人的利用和转播,引发触及法律底线的舆情事件。

第三节 5G时代网络舆情的应对策略

习近平总书记在全国宣传思想工作会议上强调:"科学认识网络传播规律,提高用网治网水平,使互联网这个最大变量变成事业发展的最大增量。"① 在全球化和数字化的大背景下,要警惕科学技术对社会文化变革的深刻影响,警惕意识形态领域新的风险。高校应该应时而为、顺势而发,在技术革命对思想意识的影响中汲取启示,在舆论引导的实践中提升意识形态引导能力和水平,拓宽意识形态引导的实践路径。

一、5G+大数据,筑牢舆情监测的数据基础

5G时代,要提高网络舆情发现、研判、处置、回应能力水平,敢于善于进行舆论引导,首先要筑牢舆情监测的数据基础。

---

① 习近平在全国宣传思想工作会议上强调 举旗帜聚民心育新人兴文化展形象 更好完成新形势下宣传思想工作使命任务[N].人民日报,2018-08-23(1).

一是整合视频，建立视频传播新矩阵。5G技术具有高传输速率和高容量的特点，这一特点带来了视频传播的兴起。信息时代，社交媒体成为新时代校园层面与学生层面之间相互了解的重要途径，校园官方媒体应充分利用短视频平台讲好校园故事，传递校园声音。移动互联网技术的迅速发展，使得短视频平台同时具备互动性强、分享便捷、传播速度快、传播范围广等特点，将短视频平台作为舆情沟通平台也是5G时代的新举措。抖音官方号以及微信视频号的运营是校园舆情治理和引导研究的新突破，帮助人们预测和及时发现问题，加强舆情实时预警能力和提供舆情应对解决方案的能力，提高舆情体系的综合指数，从而提升高校综合舆情监测实力。

二是整合资源，建立大数据平台。学校舆情应对首先要对全校舆情相关情况进行第一时间的全面掌握，要在学校党委的统一领导下，加强顶层设计，对现有的数据资源进行整合，汇聚全校各方数据，建立信息汇聚的平台，从而更顺畅地辅助分析研判舆情。

二、5G+智能化，深化舆情预测与研判

人机结合，能够提升分析研判的整体效能。采用动态监测与人工分析相结合等方式加强舆情监测，利用大数据、人工智能等技术建立趋势预测、风险评估、自主决策等模型，并根据新的校园舆情信息不断进行调整。网络舆情是校园舆情的重点领域，深化校园舆情预测与研判重点在于互联网平台。根据对校园舆情相关案例的分析，网络舆情在校园舆情中占据较大比例，突出表现在微博、微信、知乎等学生常用的社交媒体平台。随着科学技术水平的进步和传播媒介的更新，互联网层次下的网络舆情判断工具也应随之更新。随着5G时代的到来，随着5G+智能化的要求也随之显现。

智能化分析。传统的校园舆情治理观念偏重于舆情中期的控制和后期的

疏导，缺乏对舆情发生前期的预判和研判。这种局限性体现在面对突发舆情，特别是重大突发事件下的舆情时，处理措施慌乱且信息发布存在滞后性。因此，现代校园舆情治理要把舆情前的预判和研判放在重点领域。当校园舆情面临考验时，校园舆情的相关涉事主体借助对校园网络舆情的形势把握，同时考虑内外部多个相关校园利益因素，对整个校园舆情的发展态势进行判断、分析、预测。

智能化的核心即运用智能化技术结合网络和技术手段进行分析，对常见校园舆情事件进行预判和研判，并制定相应的应急预案，减少突发校园舆情带来的慌乱与局限。利用大数据，对校园舆情传播的范围以及影响力做出判断，针对不同的传播范围、不同的影响力采取不同的措施，做到因地制宜。相较于传统的舆情预测和研判，智能化校园舆情预测与研判具有针对性和效益化，能够避免较大成本化解小舆情或者忽视较大舆情等情况出现，尽可能实现效益的等效化处理。区块链具有促进舆情大数据共享，优化相关流程，降低运营成本，提升协同效率，建设防控舆情网络安全体系等重要作用。新兴的区块链技术作为数字经济时代的基础设施，对深化校园舆情的预判和研判，推动校园舆情应对方案的完善等方面的协同发展具有显著作用。区块链技术的应用是5G+智能化应用的重大体现，也是重要的手段，具有代表性意义。

运用5G+智能化技术深化校园舆情的预判和研判，在当前复杂的舆情舆论环境下，尤其是在舆情事件呈现出高发趋势下，显得尤为重要。相较于传统全面被动应对突发舆情事件的态度，现代校园舆情管理应该向积极主动并且有预案的态度转变。从话题的敏感度、相关群体利益诉求、校园媒体公信力等各个维度进行舆情预判和研判，从而提高整体的舆情应对综合能力，实现校园舆情治理体系和治理能力的现代化提升。在5G技术下，高校应对话题敏感度、相关群体利益诉求、校园媒体公信力等重要影响舆情发展趋势的因素进行量化分析，建立相关数据模型，估计舆情影响大小，进而选择合适的应对校园舆情事件的方案。根据不同程度选择不同的预案，达到效益最大化，提高应对网络舆情的能力和水平。

三、5G+云计算，算法推进舆情应对模式转变

5G网络的飞速发展扩展了数据传输的带宽和速度，提升了当下社会发展的数据流量的速度。云计算技术是当下较为新颖的一种计算模式，这种方式不必考量对于计算架构的搭建，只需通过终端设备登录浏览器即可进行计算任务和服务。在云计算模式之下的校园舆情有着很多主观性的特点，学生借助评论表达自身的看法，这种不经过主流媒体包装的舆情说明方式，可以很好地表现校园舆情在网络之上的真实情况。一般来说，云计算通常以服务为特征，将对应的计算和存储资源虚拟化，动态按需分配给用户，完全按照互联网的方式支持各种信息的传播。面对当下的舆情发展态势，我们应该广泛利用现实的计算机算法，推进舆情应对模式的转变。

一是精准口径库。建立由各有关部门组成的网络舆情管理小组，对不同领域的舆情事务具体分工，提前准备好各类突发预案的口径库。统筹高校思想政治教育、心理健康等方面专家，加强研判，关注师生思想动态中的苗头性倾向，及时调整口径库的相关内容，有备无患。

二是精准分层分发。使用传统大数据推荐算法进行舆情信息的筛选和过滤，再针对产生影响较大的舆情信息使用现如今不断发展的机器学习和深度学习算法进行模拟，得出一种可以推进舆情应对模式转换的全新改进算法，助力舆情应对模式的多元化分发。根据舆情事件的不同类别、不同层面进行有效的应对，区分哪些问题是校级层面的，哪些问题是院级层面的，针对不

同情况采取不同的应对方式。要采取疏通引领的态度,妥善解决师生现实合理诉求,对发现的问题加强沟通引导,关心关注师生的利益诉求,及时化解矛盾,把问题解决在萌芽阶段;综合统筹,正面引导,及时排查和根除舆情隐患。

三是精准服务。用5G+4K、VR拓展校园政务新媒体的服务。善于运用新技术进行校园政务媒体建设。4K技术的概念,即3840×2160超高清分辨率。标准化的4K(3840水平像素)能够达到高清分辨率的4倍,再配合鲜艳的色彩、超真实的音效,能给观众带来极大的观影享受。4K技术除了提升影视分辨率,还推动了从拍摄到显示等相关领域的一系列革命。VR技术,即虚拟现实是多媒体技术的终极应用形式,它是计算机软硬件技术、传感技术、机器人技术、人工智能及行为心理学等科学领域飞速发展的结晶,主要依赖于三维实时图形显示、三维定位跟踪、触觉及嗅觉传感技术、人工智能技术、高速计算与并行计算技术,以及人的行为学研究等多项关键技术的发展。虚拟现实技术的发展,将引起人类生活的巨大变革。通过VR技术还原舆情事件的现场,对于更加公正客观地展现事件本身、还原事件现场起到重大作用。后真相时代人们往往愿意相信自己所相信的,对于真相的次追求会造成舆情的扩大化,进而影响互联网舆情治理安全。因此,更加客观真实地还原事件,使旁观者更加清楚理解事件的来龙去脉,对于及时更新相关信息和后续报道非常重要。虚拟现实技术可以使旁观者站在当事人的角度去思考问题,面对舆情和舆论,冷静思考和理性判断对于校园舆情治理具有重要作用。校园政务媒体需要学习和运用新技术,更加方便、快捷、有效地进行舆论监督和舆论控制,同时可以更好地发挥其宣传功能,为学生提供优质的信息共享服务,提高自身业务水平,推进校园政务媒体治理能力和治理体系现代化。新技术同样可以吸引受众,提高自身影响力,在校园舆情治理方面提高自身的话语权。

　　同时，对于互联网错误思潮的纠偏也是校园政务新媒体建设的一部分。后真相时代的"后"表达了对真相的消解和否定，人们接收到的信息很多时候是被无形的"手"操控的，人们只能掌握一些片面真相、主观真相、人造真相和未知真相，不能全面把握客观真相。完善建立马克思主义新闻观，为我们分析、澄清谣言提供了新的思路。校园政务媒体要将社会主义核心价值贯穿始终，通过价值引导、案例分析、国家政策解读、思政引领等方式纠偏互联网新闻秩序失序、西方意识形态渗透等错误思潮。更好地应对网络舆情、及时公开信息、更好地传播校园声音、纠偏错误思潮、弘扬社会主义核心价值观是校园政务媒体的服务职能。

第十一章

高校文化培根铸魂

文化是高校的精神和灵魂,是高校知识创新的动力与源泉,是高校事业发展最深厚的"软实力"。文化建设是新时代扎根中国大地建设一流高校凝魂聚气、固本培元的基础性工程。从国家层面看,面对百年未有之大变局,需要团结凝聚一代又一代大学生坚定不移听党话、跟党走,努力成长为堪当民族复兴重任的时代新人。当前,以 5G 技术为代表的数字化潮流,正在深刻改变文化传播方式,催生文化新形态和新趋势。高校作为立德树人的坚强阵地,必须全面落实党的教育方针,在坚持用文化培根铸魂的大前提下,充分把握 5G 时代文化传播规律,主动运用 5G 等各种新技术变量,推动构建高校文化发展新格局,助力实现高等教育高质量发展。

第一节 把握 5G 时代高校文化建设新趋势

高校文化是高校在长期办学实践中形成的,由师生员工共同创造并积淀传承的理想信念、价值取向、思维方式、行为规范的总和,对于举高校精神之旗、立高校精神支柱、建高校精神家园,具有不可替代的重要作用。

5G 技术的发展正在使人类社会的生产和生活产生深刻变革,教育对象、教育手段、教育环境等高校文化建设的内外诸多因素,都呈现出升级、转化、融合等一系列变革态势,催生"AI+X"融合趋势明显的全新文化机制和生态构建。信息化技术与文化建设深度融合,多元文化碰撞更为激烈,意识形态斗争形势复杂,线上线下文化阵地建设并重,等等,成为高校文化建设日益凸显的新趋势。

推动高校文化数字化转型是时代的要求,也是实现高校文化高质量发展的必然选择。高校必须增强文化自信,突出社会主义核心价值观的引领性,坚定创新自信,把握主动将 5G 前沿技术融入高校文化产品供给的全过程,不断探索新时代高校文化建设的新路径,激发文化培根铸魂的新活力。

一、5G 技术倒逼高校文化理念更新

AI、特效、3D 建模、动态捕捉、虚拟成像、区块链等技术的广泛运用,在不同层面推动文化内容形式更新、载体渠道构建、传播模式创新。高校需要在教育方式和模式不断迭代更新的大背景下,牢牢把握社会主义先进文化前进方向,因势而谋、应势而动、顺势而为,树立"网络+文化"的文化育人理念,全员、全过程、全方位推动文化传播形式手段创新与价值引领入脑入心有效衔接,实现精准化传播,激活"网络+文化"活力,形成润物无声的高校文化育人场域。

一是突出价值引领,更新 5G 传播新理念,促进信息化技术运用和文化建设互促共融。党的十九届六中全会审议通过的《中共中央关于党的百年奋斗重大成就和历史经验的决议》强调,党坚持以社会主义核心价值观引领文

化建设,并指出要注重用社会主义先进文化、革命文化、中华优秀传统文化培根铸魂。就高校文化建设而言,必须立足"为谁培养人、培养什么人、怎样培养人"的根本问题,坚持党的领导,坚持马克思主义指导地位,坚持为党和人民事业服务,把握高校文化方向"牢牢不变",落实立德树人根本任务,传承红色基因,走出一条具有中国特色的高校文化建设新路。要在凝练形成师生广泛认同的价值取向、弘扬先进办学理念、凝练践行符合精神特质的校训、培育建设优良校风教风学风等方面持续发力,抓实精神文化这一大学文化体系建设的核心任务。

同时,要"乘势而上",主动适应5G时代信息传播移动化、社交化和模式多元化等新特征,以稳定先进的技术支撑、优质海量的内容资源、多维泛在的产品形态、开放互动的传播链条等为突破,创新高校文化和技术运用深度融合的理念,更好体现时代性、把握规律性、富于创造性,使新时代高校文化始终保持旺盛的生机活力。

通过梳理,5G时代的文化传播特质与规律主要表现在重塑全媒体生产流程、强化技术驱动、拓展传播渠道、聚合和利用社会资源、创新大学文化传播方式等多方面。这是利用5G技术提高高校文化内容生产的精准度和优质文化产品传播力的前提和基础。

为此,要推动高校文化建设链条优化、价值拓展,拓展高校文化的场域场景,适应元宇宙全真模拟等新变化,推动沉浸式体验、定制式应用、融合式营造,强化文化的分众化传播。此外,不仅要关注文化优质内容的产出,还需积极思考和关注数字文化产品的介质载体形式创新,让高校文化传播"看得见"、文化发展"摸得着",提升高校文化的互动性和转化力。

二是加强文化建设供给侧改革,强化5G互联互通理念,做大做强主流舆论。习近平总书记指出:"内容永远是根本,融合发展必须坚持内容为王,以内容优势赢得发展优势。"① 前瞻性布局高校文化建设的新生态，是发挥宣传思想工作政治优势与元宇宙技术优势高度融合的关键点。我们要破除旧有束缚，推动思想价值引领的信息化和时代化，坚持系统观念，围绕践行立德树人、为党育人、为国育才的根本任务，结合本校的资源要素条件，正确处理发展与安全、供给与需求等关系。要不断应用5G、大数据、云计算、人工智能、超高清、物联网、虚拟现实、增强现实等技术，强化文化的内容供给、资源供给、手段供给、方式创新供给等，让高校文化借助数字技术"活起来"，推动高校文化创造性转化、创新性发展，提供更多适应师生文化需求、体现高校精神的文化产品。

从整体上看，要重视信息化条件下的高校文化设施和文化形象建设，前瞻性设计、建设和运用好图书馆、校史馆、博物馆、体育中心、艺术中心，用信息化技术优化升级大学文化视觉识别系统，彰显其文化功能。运用先进技术，改造升级校园人文景观，使大学校园的园、林、景等实现育人与审美、绿化与低碳的有机融合。

从微观层面讲，要细化高校文化建设项目的立项策划，运用5G新理念精准分析传播对象，为目标用户群体画像，明确需求。同时注重将高校精神理念注入富有故事性、趣味性、艺术性的喜闻乐见的文化作品中，以形式新颖、内容鲜活、表达清新、角度多元等为重点，开拓创意文化产品新思路，有方向、有针对性地深化后续传播辐射推广，让宏大的文化主题实现语态的贴近性传播，做到春风化雨、潜移默化、以情动人，让文化传播不仅有意义更有意思，提升文化深度沟通和深度情感互动的力量。

三是强化机制建设，坚持党的领导与凝聚各方力量相结合，持续构建5G

---

① 中共中央文献研究室. 习近平关于社会主义文化建设论述摘编 [M]. 北京：中央文献出版社，2017：46.

时代的高校文化治理体系。在人人都有"麦克风"的"自媒体"时代，高校文化要实现从管理向治理转变、被动向主动转变、粗放向精细转变。要毫不动摇地坚持党的领导，构建党管高校文化建设的领导体制。要发挥文化的立德树人功能，从健全文化建设组织架构、厚植文化建设队伍、优化工作机制、强化绩效考核、完善文化资源配置等角度，建设与5G信息化发展相适应的高校文化治理体系，构建中国特色高校治理的制度文化。

高校的文化建设者要努力成为新时代高校文化主导价值的建构者和引领者，坚守主流价值观念，积极转变话语方式，创新高校文化题材发掘、叙事范式和传播技巧，紧抓不同受众特质，缩短与对象间的距离，在展示高校文化内蕴的人、事、物、气、神、魂的互动之中，寻求传播者与受众之间更为广泛的共鸣。为此，高校文化建设工作者要坚持开放包容态度，立足高校的学科特色优势，加强学习实践，形成5G时代新型的文化观和治理理念，强化文化认知能力、文化传播意识和媒介素养水平。特别要提高传播内容与渠道的管理能力、人机协同的合作能力、文化伦理判断与人文观照能力，让人而不是物（包括人工智能）成为文化传播与媒体治理的主导。同时，要坚决克服技术异化陷阱，以人为中心，激发教育者与受教育者的主体自觉，促进科技进步与文化引领的有机结合。

二、5G应用催生高校文化建设创新

5G技术是高校文化创新发展的重要支撑，将在个性化、智能化等多方面产生多重文化新需求。我们要坚持走融合之路，以内容建设为根本，以5G技术为支撑，对内主动探索5G技术对高校文化数字化流程再造的模式，对外积极应对5G技术带来的多样化文化冲击，实现文化理念更新、文化内容更新等的有机统一。

一是坚持以师生为中心，把握 5G 文化建设受众新需求。随着"05 后""网生代""元宇宙原住民"等大学生成为高校主体，高校文化受众的需求正在发生深刻变化，他们期待富有数字化感知、沉浸感和体验感的全新文化体验，渴望打破文化时空限制，对丰富高校文化表现形式、增强文化的参与性、互动性等方面都有更高的需求。为此，要深入思考如何满足不同年龄层次的师生对于文化的多样化需求这一现实问题，在提升文化传播精准度上下功夫。

在以虚实融合理念带动人类社会向数字新世界迁徙的过程中，高校文化建设需要推动师生强化信息素养的文化道德属性，形成面向数字文明新时代的价值共识、伦理共识和发展共识，从而引导科技应用向善，构建更加包容的数字文化生态环境。

要积极依托智能技术的支持，在情境化传播、个性化推送、游戏化感知等场景中实现高校文化的多样化应用，为师生提供呈现沉浸性、真实性、交互性、创造性、多样性、协同性等特征的智能文化服务与体验，让更多有思想、有个性、有特色、有温度、有情怀的优质文化产品成为"网红"精品，为高园注入文化正能量。特别要用好用活沉浸式传播技术，深度挖掘和鲜活呈现高校各种学术活动、文化活动、庆典仪式，用贴近师生需求的活动引领师生行为价值，激励师生珍视荣誉，形成一校多品、一院一品的校园经典文化品牌。

要针对新一代大学生受众，运用年轻化、网络化的内容符号与话语风格，生产符合其需求和信息接收习惯的文化影视作品、品牌文化出版物等，有效搭建融文化传播、在线创作于一体的全方位文化创新平台阵地。例如，各高校在招生宣传过程中探索的 AI 人物云游未来高校模式，以极具接近性的话语表达与融合传播模式，激发了青年人对高校的向往，有效推动了高校文化的二次传播。此外，诸多高校入驻视听类内容聚合平台等特色渠道，针对性地投放相应文化传播内容，这一举措是从以视觉主导的图文模式转向以视听觉为主的短视频模式的有效实践，为拓宽文化呈现形式的界限做了很好的探索。要把握智能手机迭代快、移动设备便携性高、受众生活方式节奏快、高密度碎片化信息泛在化等特点，进一步加大校园文化传播各类 APP、网站、小程序和视听类内容聚合平台等建设，根据校园内外不同对象需求与行为特征，充分运用交互性工具，进行高校文化建设内容定制与精准推送，提升青年群体对各种高校文化活动的参与积极性与主动性。要根据不同应用场景而生产专属内容，进而满足差异化、多场景的文化用户体验需求，实现文化产品供给和需求的无缝对接，逐步建立起长效、稳定、可持续的受众对象"拉新"和"留存"机制。

二是弘扬主旋律，开拓 5G 文化治理新模式。习近平总书记在全国宣传思想工作会议上强调："育新人，就是要坚持立德树人、以文化人，建设社会主义精神文明、培育和践行社会主义核心价值观，提高人民思想觉悟、道德水准、文明素养，培养能够担当民族复兴大任的时代新人。"① 这是 5G 时代高校文化建设的根本导向，不能有丝毫动摇。

为此，要坚持"守正"这一根本基础，强化责任意识、阵地意识、风险意识，通过"文化治理"对"高校文化"进行重塑，全面推进文化建设运行方式、业务流程和服务模式数字化，探索文化治理新模式，担负起思想文化发展创造、弘扬传播的重要任务。

要切实把马克思主义指导地位贯穿到高校文化建设各领域，强化正面治理和引领，通过先进技术与先进内容的全方位紧密结合，增强社会主义核心

---

① 习近平在全国宣传思想工作会议上强调 举旗帜聚民心育新人兴文化展形象 更好完成新形势下宣传思想工作使命任务[N]. 人民日报，2018-08-23（1）.

价值观和意识形态的凝聚力、引领力,彻底消除个别领域存在的马克思主义被边缘化、空泛化、标签化,在一些学科中"失语"、教材中"失踪"、论坛上"失声"等状况,进一步唱响主旋律、壮大正能量、提振精气神。

要严守意识形态红线,增强高校文化治理管控能力。在5G技术加持下,媒体融合趋势走向高维度、全面化,高校文化治理面临严峻挑战。比如,去中心性易引起教育主体的地位边缘化,泛娱乐性易致使教育客体的思想紊乱化,高交互性易引起传统介体的实效弱化,泛商业性易导致教育文化环境的复杂化。高校要按照正能量是总要求、管得住是硬道理、用得好是真本事的基本思路,对文化内容制播的源头加强内容审核,强化"把关人"正向引导的价值规范作用。对互联网平台内容的二次传播进行有效管理,把握主流意识形态传播的每一个环节,用好资源互通、数据互联技术之本,强化舆情研判和处理。高度警惕网络文化快餐化、平面化、浅表化、技术化消解文化人文本性等负面影响,加强高校文化引导和管理规范。

三、5G资源助推高校文化数字化转型

5G技术具有万物互联、高速度、泛在网、低时延、低功耗、重构安全等特点和优势,为高校文化建设带来升级式、颠覆式变革。网络新文化场景应用既丰富了高校文化内涵,也拓展了高校文化外延。数字化技术打破时间、地点和资源的限制,形成更能服务于教学科研、服务于师生的文化建设方式,带来的不仅是单个领域的提升,更是教育方式的变革、文明传播的突破。我们需要从整体性入手,立足"根"怎么培茁壮、"魂"如何铸强大等关键问题,推动高校文化从传统化发展向数字化转型。

一是立足培根铸魂要求,把握高校文化的5G数字化战略定位。新一轮数字集成技术创新成为文化和科技融合的新特点,高校必须按照"始终坚持

社会主义办学方向,扎根中国大地办大学"的要求,用5G赋能高校文化数字化转型,推动文化建设搭上"信息化高速列车",真正实现以文化人,让党的创新理论入耳入脑入心,让理想信念的明灯永远在大学生心中闪亮,建设方向正确、特色鲜明的高校文化。

高校文化的数字化战略定位应顺应全媒体传播的规律和趋势,坚持正确的政治方向、价值取向和内容导向,打通线上线下边界,推动文化浸润培育由"一时一地"拓展为"随时随地",从"一对多"延伸到"点对点""多对点"等自由灵活方式,打通教育内外场域,串连教育体系内容,让高校文化与时代同向、与现实同频、与实践同行,彰显高校的精神特质和价值追求,真正发挥培根铸魂、启智润心的作用。

二是强化5G数字技术应用,构建多形态高校文化矩阵。要以数字化传播为主体,以移动端传播为重点,实现融校报、校刊、广播电视台、校园网、微博、微信、视频号等实体虚体文化资源于一体,构建多元融合的高校文化建设矩阵,更好地支撑构建高校文化共同体。

要赶上"智媒时代"发展的融媒体布局、全媒体报道、移动端优先新需求,突出思想精深、制作精良的特色,结合数字化需要和环境要求,进行文化开发设计。比如,对于人工合成AI主播、机器人记者、VR直播技术、4K超高清、5G现场连线、虚拟演播、创意短视频等新形式的深度运用,高校还相对滞后,需要不断提质增速、推陈出新,形成更多创意"爆款"的高校文化建设精品。比如,可以借鉴央视《中国诗词小会》手机等移动端的联动产品,通过直播,注重与国潮、互动游戏、二次元等流行的元素相结合,趣味性、年轻化演绎传统文化的做法,探索文化传播更接地气、更生动的路径。

要着眼促进传统媒体和新兴媒体相互借鉴、优势互补、一体化发展,围绕拆除时空层面的边界,挖掘高校文化资源背后蕴含的丰富教育元素,将其运用于立德树人的全过程，以柔性价值引导、隐性文化熏陶塑造社会主义核心价值观，使师生在开放探索中获得个性化文化体验。同时，积极顺应元宇宙的生存空间、视角维度、感官体验、思想实践多维拓展趋势，让更多不同年龄、不同教育背景、不同社会角色的人在教育文化的沉浸式场景互动中，共享大学文化优质成果，找寻文化认同归属，将庞大的教学者、学习者群体真正转变为高校文化建设的参与者、传播者和获益者。

　　三是致力传承创新，利用5G技术构建大学文化资源库。要摸清本校的文化遗产"家底"，对高校文化文献、图片、影像、声音、文物等资料进行数据化采集，建立文化数据库。借助网络虚拟现实技术，加强场所的智能化改造，将高校文化转化为影像、文字和三维再现数据模式，借助5G大带宽、大连接、低时延等优势进行分享互动，开发VR/AR智慧体验等特色数字化创意文化产品，多维度、立体化、全方位推动大学文化的转化与传播。要借助数字技术打造数字文化馆、校史馆、博物馆、图书馆，提升文化数字化资源库的利用率，开发制作有关办学旧址、重要建筑、学界泰斗、重大事件、口述资料等文化短视频，让体验者在潜移默化中接受高校文化的熏陶，感知高校文化的独特魅力。

　　要增加高校学术文化资源传播的有效性，推动集游戏、创作、定制为一体的虚实联动体验。根据清华大学新闻与传播学院新媒体研究中心发布的《元宇宙发展研究报告2.0版》，未来元宇宙有可能在内容生态方面推动游戏社交领域应用开发，打造全新休闲娱乐模式，为科研、工业制造、医疗、教育等领域助力，让更多掌握技术的人可以创作和出售自己的数字作品，获取收入。这需要我们积极行动，主动应对，在元宇宙兴起过程中把握高校文化建设的主动权。

　　总之，5G时代推动高校文化创新是具有长期性、复杂性的系统工程，需要强化文化守正创新的定力,激发数字化融合的活力,增强统合文化资源的能力,深入推进高校文化理念更新、文化资源深度开发与利用、新形态文化育人模式探索,以此筑牢文化培根铸魂基础,形成以文化人、以文育人合力。

第二节 融合发展,推动5G时代高校文化守正创新

当前,5G技术发展日新月异,大学学生群体发生巨大变化,网络新媒体、同辈文化对他们的作用越来越大,影响越来越深。要从增进文化认同、强化文化自信的高度入手,落实融合发展方针,努力更新高校文化育人体系,在守正中创新,牢牢把握高校文化的未来发展方向。

一、坚持与时俱进,推动文化数字化传播

5G时代的网络传播呈现诸多新特点,短视频的兴起极大地拓展了"人人都是自媒体"的广度和宽度,个性化的24小时全时空的网络传播更加迅速。

在这种形势下,传统的高校文化传承面临巨大的挑战,靠实地走访、触摸实物,了解文化规章制度、人物故事、文物背后的既有方式力不从心,无法适应年轻学子学习接受的方式。同时,高校文化的深度传播面临巨大机遇。5G技术奠定的基础,使高校文化的大数据广泛传播成为可能,高校文化数据化传播时代正在到来。通过海量数据可以显现高校文化的细节,深入挖掘文化素材,实现文化故事、诗歌、音乐、场景等的数据化传播,为沉浸式

文化传播提供了技术保障。

5G技术日新月异，让受众在虚拟世界里体验文化已不再是天方夜谭，目前已经有技术得到了部分应用。比如，故宫博物院采取先进技术，将古代建筑、馆藏文物与数字技术相结合进行展示。天津大学建筑学院教授带领团队自2003年起开始对长城建筑遗产进行数字化处理，构建了"明长城防御体系空间数据库"，包含大量的长城沿线城池、驿传、烽燧照片和地理坐标等信息，不仅可以让观众足不出户就能在线上领略长城风采，而且在长城监测、病害分析等方面也将发挥重要作用。

高校要认真思考如何灵活推动"文化数字化"创新应用，真正实现把"数据化的人"变成"人化的数据"，把无形的文化情感变成有形的文化故事，再把文化故事数据化成鲜活的人物行动，形成更加丰富的高校文化呈现方式。

二、强化高校文化自信，掌握高校文化建设话语体系

2018年5月，习近平总书记在北京大学考察时强调："我们的教育要培养德智体美全面发展的社会主义建设者和接班人。"① 总书记在云南考察调研时指出："教育同国家前途命运紧密相连。我们教育的目的就是培养社会主义建设者和接班人。"②

可视化是人类认识世界的重要途径之一。5G时代，万物互联、网速极大加快，大容量视频快速传播成为常态。为此，我们要提高文化安全底线意识，深入思考各种直播、视频文化作品背后的文化思潮本质。从这个角度

---

① 习近平. 在北京大学师生座谈会上的讲话［N］. 人民日报，2018-05-03（2）.
② 习近平春节前夕赴云南看望慰问各族干部群众 向全国各族人民致以美好的新春祝福 祝各族人民生活越来越好祖国欣欣向荣［N］. 人民日报，2020-01-22（1）.

讲，高校文化的守正创新，首先要明确守高校文化的核心责任之"正"，特别是广大教师明确自己的责任，坚持正确方向培养人，这也是大学文化的本质属性特点所在。

高校开展文化建设工作要主动掌握5G时代的文化传播特点，全面深刻分析研判各种思潮、各种传播方式的冲击影响，把文化自信的种子播种在学生的心头，让高校成为筑牢社会主义核心价值观的前沿主阵地。

把握立德树人根本方向，加强教师队伍建设，让教师成为学生成长的"有文化"的引路人。习近平总书记强调："教师是人类灵魂的工程师，承担着神圣使命。传道者自己首先要明道、信道。高校教师要坚持教育者先受教育，努力成为先进思想文化的传播者、党执政的坚定支持者，更好担起学生健康成长指导者和引路人的责任。"① 高校要加强教师队伍的思想建设，通过入职培训、职称晋升培训等方式，遴选爱国敬业的优秀人才加入教师队伍，并将教师培养人的基本责任全面传达给教师、将当前5G技术新方式传达给教师，注重年轻教师文化建设能力的提升。要多样化运用文化传播新方式，大张旗鼓地开展"我心中的好导师""良师益友"等特色文化活动，提升教师的文化荣誉感和文化自豪感，以德立身、以德立学、以德施教，实现总书记强调的"坚持教书和育人相统一，坚持言传和身教相统一，坚持潜心问道和关注社会相统一，坚持学术自由和学术规范相统一。"②

加强文化学术研究，建设富有中国特色的高校文化话语体系。习近平总书记指出："办好中国的世界一流大学，必须有中国特色。没有特色，跟在他人后面亦步亦趋，依样画葫芦，是不可能办成功的。这里可以套用一句

---

① 习近平. 在北京大学师生座谈会上的讲话 [N]. 人民日报，2018-05-03 (2).
② 习近平. 在北京大学师生座谈会上的讲话 [N]. 人民日报，2018-05-03 (2).

话,越是民族的越是世界的。"① 守高校的文化自信,把握方向不迷惑,就要坚持文化自信,坚持马克思主义和中华优秀传统文化并不断创新。

要关注西方话语体系在学术界的发展。要对于网络上流行的"言必称希腊"等错误文化思想、观点的负面影响,保持高度警惕性,敢于亮剑驳斥斗争,给予有力有效的反击。要重视西方话语体系对中国话语体系的长期文化侵蚀与渗透,导致中国高等教育话语体系构建意识的缺位和构建能力的不足。我们必须提高政治站位,通过深入系统的研究实践,将中国特色高校文化话语的主动权夺回来,构建起新时代中国大学文化的话语体系,深入传承创新中华优秀传统文化,大胆地推动马克思主义的中国化传播,弘扬中国高校精神。

要主动把高校文化体系的构建纳入中国特色社会主义文化的大格局之中加以谋划。中国特色社会主义文化,源自于中华民族五千多年文明历史所孕育的中华优秀传统文化,熔铸于党领导人民在革命、建设、改革中创造的革命文化和社会主义先进文化,植根于中国特色社会主义伟大实践,包括对中华民族几千年历史发展中积累的优秀传统文化的自信、对中国共产党长期革命斗争中形成的革命文化的自信、对中华人民共和国建立后形成发展的社会主义先进文化的自信,这些自信实质上体现为对中国特色社会主义文化的坚定自信。高校要立足各自的校情,建立彰显中国特色社会主义文化内涵、体现本校历史特色的文化体系,强化文化立场的坚守,在文化自觉的基础上坚守高校文化建设的责任。要主动思考5G时代青年学生对文化接受的新特点,创新文化建设新方式、语言方式,让更多的学生接受、热爱高校优秀文化。

---

① 习近平. 青年要自觉践行社会主义核心价值观:在北京大学师生座谈会上的讲话[N]. 人民日报,2014-05-05(2).

三、坚持主体性和主导性的统一，创新高校文化价值传播

高校文化的核心体现是价值观。5G时代，要把握住"价值观"这个核心，坚持主体性和主导性的统一，做好高校文化的有效传播，以社会主义核心价值观巩固高校师生团结奋斗的共同思想文化基础。

坚决抢占思想文化阵地，让社会主义主流文化发挥主导作用。为党育人、为国育才，首先是要成人，然后成才。成人的最核心的标准则是构建正确的世界观价值观，让全体大学生确立反映全国各族人民共同认同的价值观"最大公约数"，坚定地听党话跟党走，成为与党同心同德、为党团结奋斗的时代新人。高校要深入研究运用5G文化传播规律，打造"可信可爱可敬"的高校文化品牌。占领文化关键阵地，以深厚的学术学识和见解，运用创新的传播方式，上好文化育人的大思政课，提升文化的影响力。要立足日常、注重经常，掌握全时空的文化传播渠道。引导教师通过日常的教学渠道，认真教学、严谨研究，传递文化正能量，将文化浸润融入育人全过程。

全面加强线上文化空间管理。5G推动文化"加宽""加细""加厚"，"线上"文化传播日益丰富化、主流化。高校的文化建设，必须主动占据不断加宽、加厚、加细的线上文化阵地，用丰富的形式、多样化的渠道、贴近性的策划等，推动高校文化建设更加活跃、更加有凝聚力。要大力加强校园融媒体建设，提升文化阵地建设的现代化水平，克服网络亚文化带来的负面影响。

抓好高校文化传播的内容供给和形式创新。要全面贯彻党的教育方针，结合不同学科专业人才培养的需要，突出思想引领性、文化厚重性、传播有效性，努力构建大学文化传播的内容体系。要统筹考虑中华优秀传统文化、中国共产党精神谱系文化、本校教育特色文化和典型先进事迹等内容，通过

走进校史深处、走进师生一线，了解挖掘反映时代精神、反映大学面貌、能引起广泛共鸣的大学文化传播的第一手素材。梳理和阐发文化建设素材中蕴含的大学精神，运用富有生命力的语言、形式、方法、技巧创作出高校文化精品力作。

在创新高校文化建设方式、有效传播核心价值观的过程中，要把握当代青年的特点，不用高高在上的"说教式"传播，而用学生喜闻乐见的形式，比如，视频的形式。在矩阵选择上，优先选择权威的媒体和热门的媒体，通过微信视频、抖音、B站、快手等多种形式做好传播工作，打造更多年轻态、沉浸式的文化视听产品。把好传播的内容关，对重点人物形成联动集中宣传；对突发的事件，及时发声，准确发声，保持官方媒体的严肃性和权威性，公布真相，避免谬种流传；在内容把握上，更要提前谋篇布局，针对学校文化建设的重点进行全时段统筹、分阶段推进，提前准备好文化图片、视频、数据等素材，铺就正能量传播的网络。同时，要加大文化队伍建设，培养一批三观正、能力强、能写会拍且善于编辑的专兼结合的文化建设队伍，让更多的学生参与文化传播，变宣传为学生自发的文化建设行动，提升高校文化建设的生动性。要借助5G大带宽、高速率的优势，坚持长短结合的策略，既关注短视频的快速传播，也重视文化长视频的深度传播。

不断创新高校文化的国际传播，推动中外人文合作交流。要改变单纯应对国外文化渗透的被动局面，主动设置高校文化传播议题，通过多种形式开展文化建设的交流互鉴。在搭建面向国际的高校文化媒体平台的同时，要充分利用现有的国际交换生、留学生资源，引导他们参加高校文化建设，深化他们对中国教育道路、中国文化传播、中国高校文化等方面的感悟，让他们成为传播中国高校文化的使者。同时，更要充分利用国家外交等各类公共事务平台，抓住承办冬奥会等重大契机，展示中国年轻大学生的精神风貌，彰显志愿服务育人的实效,进行适应国际传播特点的典型价值观传播活动,让中国高校文化自信地站在世界面前。

四、坚持内外结合、师生互动,探索 5G 时代高校文化新路径

高校的文化育人最终结果是实现内化于心、外化于行的目标。大学生的行文文化又会反过来促进其全面发展。要充分利用 5G 技术赋能文化建设的新研发成果,以及利用开辟的各种文化建设新场景、研发的文化传播新装备,推动高校文化传播在守正基础上,方式更新、效率更高,努力在全时空传播、全现实传播、全连接传播、全媒体传播等方面创新举措,大胆实践。

要开拓思路,让更多的 5G 技术赋能"全员文化育人""全过程文化育人"方式变革。目前,手机等移动终端已经成为标配,校园生活实现了全方位无死角的观察,这既为无边界的正面文化传播提供了物理准备,也为负面舆情事件的爆发式传播提供了潜在可能。高校要坚持趋利避害,引导全体教职员工强化日常教育文化的涵养和呈现,让富有温度的教育管理服务、更具人文关怀的育人过程,彰显高校文化的力量。同时,要深刻认识碎片化阅读、浅阅读、社交性阅读对传统高校文化信息传播形成的冲击性影响,因势利导积极推动文化传播的数字化、现代化与通俗化转型,利用"后阅读"的独特优势,有效促进高校文化的传播和传承。

面向未来,随着 5G 技术的快速迭代升级,人类将实现真实现实连接和虚拟现实连接;超高清 4K、超超高清 8K、多轨全景声采集和拟音等技术广泛应用。虚拟现实 VR、增强现实 AR、混合现实 MR 等全息沉浸式交互,使得人与虚拟世界完全对接。而且在智慧的万物互联时代,现实世界与虚拟世界的界限也可能基本消除,从而实现二者的完全融合。要主动作为,抢占虚拟现实的文化建设制高点。

五、创新云网协同传播方式，构建高校文化建设新生态

2020年3月中共中央政治局常务委员会会议提出，加快5G网络、数据中心等新型基础设施建设进度。高校要主动适应新要求，主动推动5G+教育创新应用，特别是强化高校文化生态的构建。

顺应文化场景更新、科技手段迭代的新趋势，积极借鉴5G文化传播的新方式，为我所用，推动高校文化创新性传播。师生是高校的主体。要积极强化高校文化的传播互动，采取云端互动、VR传播等新手段，让学风、教风、校风弘扬传播的形式更鲜活、更现代。在把握文化垂直细分领域丰富性的基础上，做到深入浅出、以小见大，进而激发互联网时代师生受众共鸣度方面，高校需要做大量的开拓性探索。

同时，要大力更新高校文化建设的基础设施。要将文化建设纳入高校信息化建设总体规划之中，广泛运用5G与大数据、云计算等融合的先进技术，推动5G+VR/AR/MR等技术在高校文化建设领域的应用，实现高校文化的"沉浸化"传播。在这方面，我们要关注5G及智能技术对文化生态的冲击，以及与高校文化生态其他要素相互作用、关系重塑的深刻变革。要着眼人机互动带来的网络化、数据化、扁平化传播特征，立足云网融合，推动体验式文化传播，让高校文化建设更生动地发展，筑牢社会主义核心价值观，用文化涵养时代新人。

第十二章

人才队伍砥柱中流

　　准确把握 5G 时代高校宣传思想工作的新形势新变化，做好宣传思想工作，归根结底，靠队伍，靠人才。一方面，相较于传统的宣传思想工作者范畴，5G 时代为更多主体参与到高校宣传思想工作之中提供了更多平台和机遇，使其队伍来源更广泛、结构更复杂，高校党政干部和共青团干部、思想政治理论课教师和哲学社会科学课教师、辅导员和班主任、心理健康教育教师和学生骨干等均是宣传思想工作的骨干力量。另一方面，5G 时代高校宣传思想工作呼唤集知识、能力、素养于一体的高素质专业化队伍。高校应加强队伍建设顶层设计、优化选聘机制、强化精准培养、完善激励保障等，以更加有力的举措打造一支政治过硬、本领高强、求实创新、能打胜仗的 5G 时代高校宣传思想工作队伍。

第一节　高校宣传思想队伍使命更艰巨

当前,百年未有之大变局加速演进,世界进入新的动荡变革期,加之5G时代的技术变革引发的社会经济新变革,给高校宣传思想工作带来一系列新挑战,对高校宣传思想工作队伍提出了一系列新要求,高校宣传思想工作队伍为党育人、为国育才的政治使命更加艰巨。

一是要坚守大局观。习近平总书记要求全体党员干部把"两个大局"作为谋划工作的基本出发点。"我们比历史上任何时期都更接近中华民族伟大复兴的目标,比历史上任何时期都更有信心、有能力实现这个目标。"① 中国与世界的关系正在发生历史性变化。立足中华民族伟大复兴战略全局和世界百年未有之大变局,建设让党放心、人民满意、世界一流大学,是习近平总书记始终牵挂的大事。高校宣传思想工作者作为高校建设的重要力量之一,要立足"两个大局"、心怀"国之大者"看待、谋划、推进工作,要不断提升政治领悟力、政治判断力和政治执行力,深入落实立德树人根本任务,努力培养堪当民族复兴重任的时代新人。

二是要掌握领导权。《中共中央关于党的百年奋斗重大成就和历史经验的决议》全面总结了建党百年特别是党的十八大以来党的宣传思想工作的成就和经验,强调必须坚持以人民为中心的工作导向,举旗帜、聚民心、育新人、兴文化、展形象,牢牢掌握意识形态工作领导权,建设具有强大凝聚力

---

① 习近平. 在庆祝中国共产党成立95周年大会上的讲话 [N]. 人民日报, 2016-07-02 (2).

和引领力的社会主义意识形态。高校是意识形态领域斗争的前沿阵地，是国内外各种社会思潮交锋的焦点，5G迅猛发展加剧了意识形态斗争的复杂性，高校宣传思想队伍必须牢牢把握意识形态领导权和话语权。《关于进一步加强和改进新形势下高校宣传思想工作的意见》强调，要充分运用新型传播手段创新高校宣传思想工作，掌握网络舆论主动权。《关于新时代加强和改进思想政治工作的意见》指出，新时代加强和改进思想政治工作的方针原则是，坚持和加强党的全面领导，把思想政治工作贯穿党的建设和国家治理各领域各方面各环节，牢牢掌握工作的领导权和主动权。

三是要彰显时代感。5G代表着时代和科技的进步。习近平总书记强调："宣传思想干部要不断掌握新知识、熟悉新领域、开拓新视野，增强本领能力，加强调查研究，不断增强脚力、眼力、脑力、笔力，努力打造一支政治过硬、本领高强、求实创新、能打胜仗的宣传思想工作队伍。"① 高校思想政治工作队伍"要运用新媒体新技术使工作活起来，推动思想政治工作传统优势同信息技术高度融合，增强时代感和吸引力"②。《关于加强和改进新形势下高校思想政治工作的意见》指出，要加强互联网思想政治工作载体建设，加强学生互动社区、主题教育网站、专业学术网站和"两微一端"建设，运用大学生喜欢的表达方式开展思想政治教育。教育部《普通高等学校辅导员队伍建设规定》（中华人民共和国教育部令第43号）强调，运用新媒体新技术，推动思想政治工作传统优势与信息技术高度融合。构建网络思想政治教育重要阵地，积极传播先进文化。

---

① 习近平在全国宣传思想工作会议上强调 举旗帜聚民心育新人兴文化展形象 更好完成新形势下宣传思想工作使命任务［N］.人民日报，2018-08-23（1）.
② 习近平在全国高校思想政治工作会议上强调 把思想政治工作贯穿教育教学全过程 开创我国高等教育事业发展新局面［N］.人民日报，2016-12-09（1）.

第二节 高校宣传思想工作队伍素质更过硬

宣传思想工作队伍是党的干部队伍的重要组成部分。当前，党中央对干部队伍提出的专业化要求已经不是指专业对口那么简单，而是指专业知识、专业能力、专业作风和专业精神的高度统一。只有建设一支"知识、能力、素养"三位一体、互为支撑的高校宣传思想工作队伍，才能适应5G时代的发展需要。

一、知识为基，理论修养深厚

高校宣传思想工作者肩负着宣传引导和思想政治教育的职责。要给广大师生"一杯水"，自己就得有"一桶水"。学识广博、理论深厚是做好高校宣传思想工作的基础。

一是掌握扎实的马克思主义理论知识。5G时代传播技术的快捷性、即时性、交互性、隐蔽性，使得西方意识形态和非主流社会思潮更易于假借各类传播形式暗中"渗透"，思想交锋越发激烈，意识形态斗争更加复杂。宣传思想工作是做人的工作，高校宣传思想工作的对象首先是大学生群体，是社会主义事业的建设者和接班人，只有具备深厚的理论修养，才能在5G时代的意识形态斗争中占领舆论引导的新高地。因此，高校宣传思想工作者要能够深入领会马克思主义理论，尤其是在学懂弄通做实习近平新时代中国特色社会主义思想上做表率，用党的创新理论武装头脑、指导实践、推动工作。要能够将理论阐释清楚、宣讲开来，既要有理论逻辑，又要结合实际、深入浅出，让师生听得懂、听了信，做到用理论阐释具体实践，用工作实际印证理论的科学性。理论上清醒，政治上才能坚定，才能全面、辩证、发展地看待5G时代的新矛盾新挑战，在重大问题和关键环节上靠得住，避免在根本问题上出现颠覆性错误。

二是掌握5G时代的前沿教育理念。5G时代的技术发展必然引起学习模式的重大变革，教育将突破固定空间的限制，教学形式和路径都将极大丰富，知识更新迭代的速率将大幅提升。高校宣传思想工作者首先是教育工作者，应当肩负起立德树人的根本任务。要能够深刻认识思想政治教育规律、教书育人规律和大学生成长规律，熟悉我国教育事业的基本情况，掌握5G时代的前沿教育发展和教育理念，并能够积极推动宣传理念、宣传手段的创新服务于教育事业的发展变化。要精准把握5G背景下大学生群体的思想特点、行为特征及内在逻辑，正确认识5G时代的新事物、新知识、新思想对青年一代世界观、人生观、价值观的影响与冲击，全面掌握大学生在5G条件下接受什么样的方法形式，喜欢什么样的内容内涵，追随什么样的价值观念，为做好宣传思想工作奠定坚实基础、创造充分条件、提供基本支撑。

三是拥有完备的知识结构和开阔的视野。随着5G时代互联网技术的发展，整个社会的信息量与知识量呈爆发式增长。"网生代"学生将习惯于面对大量的网络信息推送和碎片化阅读，习惯于利用搜索引擎找寻未知的答案，这些都会导致他们一方面触碰和了解到了比部分教师都要丰富的信息和知识，另一方面又缺乏对事物的整体认知和深度思考，思维倾向于浅层化、碎片化和单向化。高校宣传思想工作者要在海量的传媒信息中脱颖而出，形成有效的价值引导和思想引领，就需要有更完备的知识、更全局的视野和更深刻的认知。要了解掌握政治、经济、法律、文化、历史、管理、心理、国际关系等方面的基础知识，不断更新优化知识结构，拓宽视野，形成战略性思考和前瞻性认识，真正成为新时代学生思想政治教育专家和党建专家。

二、能力为重，技术水平高超

5G网络高速率、高容量、低时延、低能耗的技术特点，使万物互联成为可能，网络系统的智能化水平将全面提升，颠覆性的用户体验对宣传思想工作形成了倒逼态势。提高用网治网水平，化变量为增量，是5G时代高校宣传思想工作的必然要求。

一要掌握5G时代传播技术。5G技术对于传播的内容、形式、方法、手段、业态都产生重大影响，将加速实现从"人际传播"到"人机传播"的跨越，传播的机理和层级更加复杂，传播的载体和内涵更加丰富。高校宣传思想工作对传统媒体的依赖会不断降低，对新传播媒体的依赖性会持续增强，熟练运用5G时代传播技术搜索信息、整合数据、构建模型、策划文案、传播推广将成为宣传思想工作队伍的必备能力。长远来看，高校宣传思想工作者亟须加速掌握信息科技以及人机之间的协同合作能力，通过掌握如语义识别和分析、VR/AR、机器算法、大数据、物联网等新技术能力，从烦琐的事务性工作中解脱出来，不断解放自身生产力，提升宣传效果与水平。除了对宣传内容给予技术支撑，能够开发建设高校宣传智能应用模块或将成为新的技术能力要求。

二要提升网络文化建设管理技能。进入5G时代，高速率、大流量的网络使受众的信息消费习惯和选择偏好呈现出个性化、定制化特征，宣传思想工作的对象越发"千人千面"。要找准5G时代高校宣传思想工作的落脚点和着力点，需要提升校园网络文化建设管理能力。比如，能够追踪并评估以高校师生为主体的宣传对象的思想动态、心理健康、行为习惯、兴趣喜好等，借助人工智能完成算法形成精确的"用户画像"；积极探索5G时代网络环境与高校宣传思想工作的联结点，打造沉浸式、立体式、互动式的全新宣传教育感知体验；熟练运用网言网语宣讲政策主张、了解社情民意、发现矛盾问题、引导社会情绪、动员人民群众、推动实际工作等。

三要掌握过硬的信息安全技术。5G技术提升了信息传播的速度、广度和深度，对信息安全防范能力提出挑战。在5G网络环境下，多元智能终端的普及将会带来移动大数据的激增，网络违法违规信息的传播也将在极短时间内完成，使网络监管和舆情监控的难度增加，强度大为提高，危机处理的"第一时间"也将会越来越短。高校宣传思想工作者需要创新技术路径，用好大数据、网络爬虫等技术加强对网上有害信息的监测预警、分析研判和应急处置，掌握抵御防范网络攻击的技术规范和应对网络舆情突发事件的工作技巧，守牢意识形态阵地。

四要具备综合媒介治理能力。5G通过密集网络技术增加系统的接入量，网络的覆盖领域持续扩大，大数据、云计算、物联网、人工智能等技术不断发展，逐渐呈现出智能化、多元化、宽带化、综合化的特征，也使高校宣传思想工作进入加速扩容的阶段。宣传思想工作必将打破媒体与媒体之间、平台与平台之间的边界，通过移动传播跨时空、跨渠道开展工作将成为常态。因此，高校宣传思想工作者需要形成5G时代的新型媒体观和治理理念，不断强化信息认知能力、传播创新意识和媒介素养水平。在万物互联中实现师生信息生产、传播、接收的全员联动和实时交互，提升校园宣传的自动化、临场感和覆盖面。特别要加强对5G时代传播内容与渠道的管理能力、人机协同的合作能力、新闻伦理判断与人文观照能力，把握住信息传播与媒体治理的主导权。

三、素养为先，凝聚精神动力

5G时代知识的泛在化、生产主体的智能化和技术手段的便捷化，使人与技术的联结更加紧密。如何发挥主观能动性，既掌握运用技术，又不唯技术是从，对高校宣传思想工作者的基本素养提出了更高要求。

一要具有与时俱进的创新素养。宣传思想工作是对理念的传播、引导、强化，5G时代不仅为传统的高校宣传思想工作带来了平台、方式、路径上的延伸与创新，更引发了宣传思想理念上的变革。高校宣传思想工作者要坚持以理念创新为行动先导，把宣传思想工作的根本任务与5G时代的环境、对象、媒介、方式和平台结合起来，打破思维壁垒和路径依赖，树立全媒体、大宣传的工作理念，敢于整合重组5G时代媒体资源，加快传统媒体和新媒体融合发展，勇于将思想政治教育的主题与新兴网络技术创新融合，拓宽宣传教育渠道，实现"线上线下"互通互促，因地制宜、灵活运用多种手段，占领信息传播制高点。

二要具有呼应时代的社会责任感和使命感。5G时代传媒在变，世界在变，但高校宣传思想工作者的责任与担当不能变。要始终围绕中心、服务大局，找准高等教育的坐标定位，牢记大学的社会责任，不断解决好"为谁培养人、培养什么人、怎样培养人"这个根本问题。在科学技术越来越占据统治地位的5G时代，各式新媒介对社会和文化的形塑背后，是发达国家与发展中国家之间的数字鸿沟和东西方文化思潮间的博弈，守稳意识形态主阵地是宣传思想工作者的使命责任。5G时代的高校宣传思想工作者应该是新时代的记录者、传播者和讴歌者，更应该是5G时代的人类社会主导价值的建构者和引领者，利用传媒的塑造力，弘扬主旋律和正能量，推动整个社会更加和谐美好。

三要具有求真务实的工作作风。优良作风是战斗力、推动力,更是凝聚力。5G时代促进技术迭代升级,大数据、语义分析技术以及算法推荐机制等,能够实现为高校师生精准"画像"、分众化信息推送、针对性舆论引导,为宣传思想工作提供便捷的技术手段。不过分依赖科技的成就而迷失方向,继续保持求真务实的工作作风,才是5G时代高校宣传思想工作者能打胜仗的有力保证。要与时俱进、胸怀大局、把握大势、着眼大事,积极探索5G时代高校宣传思想工作的切入点和着力点,用知重负重、攻坚克难的实际行动应对5G时代的各种新问题新挑战。对标5G时代的舆论和媒介特点,找准高校不同师生群体的突破口和需求点,提升宣传思想工作的到达率、传播率、有效率。

第三节 高校宣传思想队伍建设举措更有力

要准确把握5G时代高校宣传思想工作的新形势新变化。科学谋划、多措并举、精准施策,努力打造一支政治过硬、本领高强、求实创新、能打胜仗的宣传思想工作队伍,是推动高校宣传思想工作质量提升和创新发展的有力组织保证。

一、坚持党管宣传思想工作,加强队伍建设顶层设计

立足5G时代高校宣传思想工作面临的新形势新任务,高校党委要坚持党对宣传思想工作的领导,将宣传思想工作队伍建设纳入学校人才队伍建设体系中整体谋划、统筹考虑。

一是加强队伍建设顶层设计。遵循教育规律和人才成长规律，研究制定新时代加强和改进宣传思想队伍建设规划，实施卓越新闻传播人才和高校网络文化建设骨干队伍培养计划，加强宣传思想队伍职业准入、成长路径、管理考核等顶层设计，建立健全发现储备、培养锻炼、选拔任用、管理监督的全链条工作机制。

二是积极构建大宣传工作格局。建立高校党委统一领导，宣传部门牵头抓总，学生工作部、教师工作部、团委、二级院系党组织等部门通力合作的"大宣传"格局，分类推进高校党政干部、思想政治理论课教师、辅导员和班主任、心理健康教育教师和学生骨干等各类宣传思想队伍科学发展，增强队伍建设的整体合力。

三是压实队伍建设工作责任。强化组织保障，把配齐建强工作队伍、加强5G专项思想政治工作人才培养等作为高校党委党建工作责任制督查、大学生思想政治教育工作质量测评等的重要内容，推动队伍建设责任落实。

二、坚持德才兼备、全面发展，加强队伍选聘配备

5G时代信息技术发展迅猛，知识更新迅速、信息传播迅捷，宣传思想队伍建设的数量和质量，直接关系到宣传思想工作的质量和效率，关系到立德树人根本任务的落实。

一是严把队伍源头入口关。强化源头建设，坚持把政治标准作为选人用人的第一标准，严把选聘宣传思想教师的政治关、师德关、业务关，通过理论测试、现场答辩、情景模拟等选聘方式，充分考察干部的政治立场、政治态度、语言表达能力以及网络技术运用能力等综合素质能力，确保把政治素质过硬、理论水平高、善于驾驭意识形态领域复杂局面、熟悉网络技术和德育工作的优秀干部选聘到宣传思想队伍中来。

二是拓宽队伍来源渠道。要坚持专兼结合的原则，既要配备专职人员负责宣传思想工作，又要引导广大专任教师、大学生群体等广泛参与到宣传思想工作中来，积极探索从教学名师、有公信力的高校"大V"、掌握网络技术的一线专任教师、大学生骨干、杰出校友等群体中，发现和培养一批兼职的宣传思想工作骨干，尤其是广泛调动大学生参与网络宣传教育的主动性、积极性，打造全员育人的队伍体系。

三是合理优化队伍结构。围绕培养大批能够从容驾驭 5G 等新技术新应用的"智媒人才"和懂网用网的"行家里手"，加强干部岗位职责和匹配度分析，建立健全队伍动态分析预判机制，充分考虑年龄、性别、学历及工作经历等方面的互补性，及时补充调整人员配备，合理优化队伍结构。

三、坚持分层分类、精准培养，提升队伍专业化能力水平

5G 时代的高校宣传思想工作队伍，需要不断提升自身专业能力、专业本领，以积极适应宣传思想工作方式、内容、阵地的转型变化，有效回应大学生网络思想行为的诉求，加强正向思想引领和价值引导。围绕提升宣传思想干部的政治理论素养、专业技术能力，建立健全分层分类、精准培养的教育培训工作体系。

一是注重分层分类培训。针对思想政治理论课教师、辅导员和班主任、心理健康教育教师和学生骨干等不同宣传思想队伍群体，围绕提升政治素质和职业素养、创新创造能力等，以新理论、新知识、新技术为主要内容，有针对性地分层分类授课，整体提升宣传思想工作者的知识传授、能力培养与思想引领的育人水平。

二是加强政治素质培养。高校宣传思想工作具有鲜明的政治特性，政治素质过硬是宣传思想工作者第一位的要求。要积极搭建理论学习交流平台，

健全政治理论经常性学习制度和定期轮训制度，抽调骨干力量组建理论宣讲团，组织宣传思想干部跟进学习党的创新理论、习近平总书记关于宣传思想工作的重要论述以及高等教育政策方针等，准确学习把握理论研究前沿和时政热点问题。在网络思想宣传新阵地，牢牢把握主流思想导向，传递党的声音，讲好中国故事，让党的创新理论武装大学生头脑，引领新时代青年大学生听党话跟党走。

三是强化专业能力提升。要深入开展大学生网络思想政治工作趋势和规律、突发网络舆情的处置与应对、新媒体技术运用、网络宣传文字写作与推送等专业能力培训，教育引导广大宣传思想工作者主动接受5G技术，充分利用5G技术，探索5G技术应用在信息传播、舆论引导、思想引领方面的作用，用网言网语讲好大道理、传递正能量，让大学生愿意听、听了信、信了服。

四是搭建实践锻炼平台。建立宣传思想工作信息和资源共享平台，以及任务分解和问题研判交流平台，围绕弘扬社会主义核心价值观、中华优秀传统文化、开展爱国主义教育等设置主题，定期开展网络宣传教育活动，提升宣传思想干部实践能力。积极选派宣传思想工作干部到地方网信部门、互联网企业等部门挂职锻炼，支持思想政治理论课教师、大学生辅导员与相关职能部门的互派挂职、交叉任职，提供多岗位实践锻炼平台，帮助宣传思想干部拓宽新视野、熟悉新领域、掌握新技术。

四、健全完善激励约束机制，促进队伍持续健康发展

宣传思想工作队伍在新时代宣传思想工作中发挥着基础性和关键性作用，科学制定和规范宣传思想工作队伍运行激励机制，才能保证宣传思想工作队伍持续健康发展。

一是注重加强制度建设。高校宣传思想队伍应建立常态化、精准化联系

大学生制度，多层次、多方位、多渠道了解大学生思想动态，根据青年学生的认知特点，运用教育学、管理学、心理学等专业理论，以微信公众号、朋友圈、B站等青年学生喜闻乐见的新媒体为载体，选取青年学生身边的事例和学生关心的题材，用好网言网语，量身定制有高度、有深度、有温度的高质量理论文章和宣传教育素材，进一步增强青年学生的政治认同、思想认同和情感认同。遵循网络信息传播规律，健全网络舆情管理制度。充分利用微博、微信、抖音等媒体工具，及时收集和整理热点问题和敏感问题，对大学生思想变化进行动态监测、分析和反馈，及时化解校园网络舆情危机。

二是注重健全考核评价体系。坚持崇尚实干、注重实绩，建立科学规范、督考合一、奖惩并举的综合考核评价体系。研究制定宣传思想干部考核工作细则，探索优秀网络课程、网络文章等科研成果统计、实践育人成效等评定办法，发挥考核激励作用。对于在课程教学、网络论坛等发表事关政治原则、政治立场和政治方向上与党中央不一致的言行的，要求退出宣传思想队伍，强化队伍监督管理。

三是注重创新激励保障机制。遵循5G新时代宣传思想工作新特点，根据高校宣传思想工作队伍掌握运用网言网语参与校园文化建设、大学生网络思想政治引领、校园危机事件应对等实际成效，大力创新行政晋升和职称评定的体制机制，在评选教学成果奖、高层次人才、评优评先等工作中加大推荐倾斜力度，提升宣传思想队伍的内生动力。

四是注重经验总结和推广宣传。为丰富和扩大思想宣传影响力，助力思想宣传队伍落实先进的思想教育理念，对内容新颖、阅读量高、影响范围广、圈粉数多的高品质新媒体产品，及时总结经验、宣传推广，提高宣传思想的传播力、引导力、影响力和公信力，助力宣传思想干部更好地肩负举旗帜、聚民心、育新人、兴文化和展形象的责任使命。

参考文献

一、专著

[1] 关于深化新时代学校思想政治理论课改革创新的若干意见[M]. 北京：人民出版社，2019.

[2] 卡捷夫尼科夫. 苏联时期的伟大科学[M]. 董敏，译. 北京：中国科学技术出版社，2019.

[3] 孔狄亚克. 人类知识起源论[M]. 洪洁求，等译. 北京：商务印书馆，1989.

[4] 勒庞. 乌合之众：大众心理研究[M]. 赵丽慧，译. 北京：中国妇女出版社，2017.

[5] 李萍. 马克思意识形态论[M]. 北京：中国社会科学出版社，2013.

[6] 刘易斯. 技术与风险[M]. 杨建，缪建兴，译. 北京：中国对外翻译出版公司，1994.

[7] 罗斯巴德. 亚当·斯密和以前的经济思想[M]. 北京：商务印书馆，2016.

[8] 汤普森. 意识形态与现代文化[M]. 高铦，文涓，高戈，等译. 南京：译林出版社，2005.

[9] 王华. 防范化解意识形态领域重大风险[M]. 北京：国家行政管理

出版社，2020.

[10] 吴国盛. 科学的历程［M］. 长沙：湖南科学技术出版社，2018.

[11] 习近平. 论党的宣传思想工作［M］. 北京：中央文献出版社，2020.

[12] 习近平. 习近平谈治国理政［M］. 北京：外文出版社，2014.

[13] 习近平. 习近平谈治国理政：第二卷［M］. 北京：外文出版社，2017.

[14] 中共中央马克思恩格斯列宁斯大林著作编译局. 列宁全集：第18卷［M］. 北京：人民出版社，1988.

[15] 中共中央马克思恩格斯列宁斯大林著作编译局. 列宁全集：第34卷［M］. 北京：人民出版社，1988.

[16] 中共中央马克思恩格斯列宁斯大林著作编译局. 列宁全集：第42卷［M］. 北京：人民出版社，1988.

[17] 中共中央马克思恩格斯列宁斯大林著作编译局. 列宁全集：第49卷［M］. 北京：人民出版社，1988.

[18] 中共中央马克思恩格斯列宁斯大林著作编译局. 马克思恩格斯全集：第1卷［M］. 北京：人民出版社，1960.

[19] 中共中央马克思恩格斯列宁斯大林著作编译局. 马克思恩格斯全集：第3卷［M］. 北京：人民出版社，1960.

[20] 中共中央马克思恩格斯列宁斯大林著作编译局. 马克思恩格斯全集：第4卷［M］. 北京：人民出版社，1960.

[21] 中共中央马克思恩格斯列宁斯大林著作编译局. 马克思恩格斯全集：第7卷［M］. 北京：人民出版社，1959.

[22] 中共中央马克思恩格斯列宁斯大林著作编译局. 马克思恩格斯全集：第47卷［M］. 北京：人民出版社，1960.

[23] 中共中央马克思恩格斯列宁斯大林著作编译局. 马克思恩格斯文集：第2卷［M］. 北京：人民出版社，2009.

[24] 中共中央马克思恩格斯列宁斯大林著作编译局. 马克思恩格斯选集：第1卷[M]. 北京：人民出版社，1995.

[25] 中共中央马克思恩格斯列宁斯大林著作编译局. 马克思恩格斯选集：第1卷[M]. 北京：人民出版社，1972.

[26] 中共中央文献研究室. 邓小平文集：下卷[M]. 北京：人民出版社，2014.

[27] 中共中央文献研究室. 毛泽东文集：第3卷[M]. 北京：人民出版社，1996.

[28] 中共中央文献研究室. 毛泽东文集：第4卷[M]. 北京：人民出版社，1991.

[29] 中共中央文献研究室. 毛泽东文集：第7卷[M]. 北京：人民出版社，1999.

[30] 中共中央文献研究室. 习近平关于全面深化改革论述摘编[M]. 北京：中央文献出版社，2014.

[31] 中共中央文献研究室. 习近平关于社会主义文化建设论述摘编[M]. 北京：中央文献出版社，2017.

[32]《中国共产党宣传工作条例》编写组. 中国共产党宣传工作条例[M]. 北京：法律出版社，2019.

[33] 中国人民政治协商会议全国委员会办公厅. 中国人民政治协商会议第十三届全国委员会第三次会议文件[M]. 北京：人民出版社，2020.

[34] 中华人民共和国国民经济和社会发展第十四个五年规划和2035年远景目标纲要[M]. 北京：人民出版社，2021.

二、期刊

[1] 樊荣，康喜兴，李鹏，等. "5G+"时代推动高校"三全育人"工作创新发展[J]. 山西高等学校社会科学学报，2019，31（S1）.

[2] 冯刚，陈倩. 解构与重构：元宇宙对网络思想政治教育的挑战及其

应对［J］．探索，2022（3）．

［3］奉鼎哲，秦勇，李后强．网络意识形态的特征及其安全建设初探［J］．毛泽东思想研究，2017，34（5）．

［4］黄清波．5G技术应用背景下宣传思想工作创新逻辑［J］．思想理论教育导刊，2020（8）．

［5］哈克，帕克斯，卡斯特．新闻业的未来：网络新闻［J］．张建中，李雪晴，译．国际新闻界，2013，35（1）．

［6］侯惠勤．马克思关于意识形态虚假性之判断与当代意识形态之争论［J］．河南大学学报（社会科学版），2002（2）．

［7］胡芳，詹传生．列宁社会主义意识形态建设理论及其历史贡献［J］．理论与评论，2020（1）．

［8］胡刚．实现人工智能与高校思想政治教育融合发展的创新思考［J］．重庆邮电大学学报（社会科学版），2021，33（4）．

［9］李华昌，嵇安奕．从ABCDEF新技术方向看高校宣传思想工作新导向［J］．未来与发展，2020，44（6）．

［10］李卫东，张昆．云传播的概念模型和运行机制［J］．当代传播，2016（1）．

［11］李毅．深刻认识宣传思想文化工作是一项极端重要的工作［J］．红旗文稿，2023（23）．

［12］李永进．论5G时代高校思想政治理论课的创新建设［J］．思想理论教育导刊，2020（7）．

［13］廉思．用"场景革命"打赢意识形态的"不对称战争"［J］．思想政治工作研究，2016（2）．

［14］刘佳．人工智能技术条件下高校思政课情景教学模式创新研究［J］．思想理论教育导刊，2021（11）．

［15］马东亮，普同庆．5G时代民族团结教育慕课教学改革路径探析［J］．民族教育研究，2021，32（4）．

[16] 铁铮. 新时代高校意识形态工作的性质与特点 [J]. 中国高等教育, 2019 (24).

[17] 万欣荣, 叶启绩. 高校意识形态阵地建设研究 [J]. 思想政治教育研究, 2015, 31 (3).

[18] 王涛, 刘修阳. 高校主流意识形态教育的问题与对策思考 [J]. 思想理论教育导刊, 2014 (1).

[19] 王亚非. 系统推进"精准思政"着力培育时代新人 [J]. 思想政治工作研究, 2020 (7).

[20] 吴恒. 中国共产党意识形态观百年流变的哲学意涵 [J]. 湖南师范大学社会科学学报, 2021, 50 (4).

[21] 吴家庆, 曾贤杰. 实施国家大数据工程, 维护意识形态安全 [J]. 湖南师范大学（社会科学学报）, 2016, 45 (4).

[22] 习近平. 不断做优做强做大我国数字经济 [J]. 求是, 2022 (2).

[23] 习近平. 加快推动媒体融合发展 构建全媒体传播格局 [J]. 求是, 2019 (6).

[24] 习近平. 思政课是落实立德树人根本任务的关键课程 [J]. 求是, 2020 (17).

[25] 易前良. 平台研究：数字媒介研究新领域——基于传播学与STS对话的学术考察 [J]. 新闻与传播研究, 2021, 28 (12).

[26] 喻国明, 耿晓梦. 何以"元宇宙"：媒介化社会的未来生态图景 [J]. 新疆师范大学学报（哲学社会科学版）, 2022, 43 (3).

[27] 喻国明, 侯伟鹏, 程雪梅. 个性化新闻推送对新闻业务链的重塑 [J]. 新闻记者, 2017 (3).

[28] 喻国明. 未来媒介的进化逻辑："人的连接"的迭代、重组与升维——从"场景时代"到"元宇宙"再到"心世界"的未来 [J]. 新闻界, 2021 (10).

[29] 喻国明. 元宇宙：以人为本、虚实相融的未来双栖社会生态

[J]. 上海管理科学，2022，44（2）.

[30] 张养志. 马克思主义出版观的创立及列宁的继承和发展 [J]. 科技与出版，2021（7）.

三、报纸

[1] 杜尚泽. "'大思政课'我们要善用之"（微镜头·习近平总书记两会"下团组"、两会现场观察）[N]. 人民日报，2021-03-07（1）.

[2] 闻言. 坚定文化自信，建设社会主义文化强国：学习习近平关于社会主义文化建设论述摘编 [N]. 人民日报，2017-10-16（7）.

[3] 习近平春节前夕赴云南看望慰问各族干部群众 向全国各族人民致以美好的新春祝福 祝各族人民生活越来越好祖国欣欣向荣 [N]. 人民日报，2020-01-22（1）.

[4] 习近平. 青年要自觉践行社会主义核心价值观：在北京大学师生座谈会上的讲话 [N]. 人民日报，2014-05-05（2）.

[5] 习近平向国际人工智能与教育大会致贺信 [N]. 人民日报，2019-05-16（1）.

[6] 习近平向2021年世界互联网大会乌镇峰会致贺信 [N]. 人民日报，2021-09-27（1）.

[7] 习近平. 在北京大学师生座谈会上的讲话 [N]. 人民日报，2018-05-03（2）.

[8] 习近平. 在庆祝中国共产党成立95周年大会上的讲话 [N]. 人民日报，2016-07-02（2）.

[9] 习近平在全国高校思想政治工作会议上强调 把思想政治工作贯穿教育教学全过程 开创我国高等教育事业发展新局面 [N]. 人民日报，2016-12-09（1）.

[10] 习近平在全国宣传思想工作会议上强调 举旗帜聚民心育新人兴文化展形象 更好完成新形势下宣传思想工作使命任务 [N]. 人民日报，2018-

08-23（1）.

［11］习近平在全国宣传思想工作会议上强调 胸怀大局把握大势着眼大事 努力把宣传思想工作做得更好［N］. 人民日报，2013-08-21（1）.

［12］习近平. 在网络安全和信息化工作座谈会上的讲话［N］. 人民日报，2016-04-26（2）.

［13］习近平. 在哲学社会科学工作座谈会上的讲话［N］. 人民日报，2016-05-19（2）.

［14］习近平在中共中央政治局第十二次集体学习时强调 推动融合媒体向纵深发展 巩固全党全国人民共同思想基础［N］. 人民日报，2019-01-26（1）.

［15］新时代的中国青年［N］. 中国青年报，2022-04-22（1）.

四、其他

［1］巴洛. 网络空间独立宣言［EB/OL］. 维基文库，1996-02-08.

［2］习近平. 培养德智体美劳全面发展的社会主义建设者和接班人［EB/OL］. 中国政府网，2024-08-31.

［3］校企联合以课程思政促科技成果转化［EB/OL］. 新华网，2019-12-20.

［4］做青年的知心人、热心人、引路人，习近平这样要求［EB/OL］. 海外网，2019-05-01.

［5］仇志伟. 自媒体视域下大学生意识形态教育研究［D］. 石家庄：河北师范大学，2018.

［6］元宇宙发展研究报告2.0版［R］. 北京：清华大学新闻与传播学院新媒体研究中心，2022-01-21.

编　后

本书是北京市社会科学基金一般项目（项目编号：21GJA002）、北京高校思想政治工作研究战略课题（项目编号：BJSZ2021ZL02）"5G时代宣传思想工作守正创新研究"的成果之一。

本书的撰写工作是在项目主持人铁铮组织下完成的，铁铮、董竹娟、周晔对全书进行了统稿。各章的撰稿人如下：第一章，亓峰、邓相军；第二章，梁千里；第三章，张养志；第四章，于成文、吴钰重；第五章，董会泽、卢刚；第六章，张树辉、李泽中；第七章，蓝晓霞、张安梅；第八章，周晔、任瑞姣；第九章，魏楚元、高蕾；第十章，张小锋；第十一章，田阳；第十二章，董竹娟、杨娜。

感谢所有为本书的撰写、出版做出贡献的人。

本书编委会

2024年2月12日